CULTURA MASÓNICA

Revista temática de francmasonería

(Desde 6009 VL)

CULTURA MASÓNICA es una revista trimestral de carácter temático en formato libro. En cada número se aborda en profundidad un aspecto de la masonería de la mano de auténticos especialistas en la materia. Su rigurosidad a lo largo de años de trabajo metódico y puntual la han convertido en una de las mejores publicaciones de masonería del mundo.

CULTURA MASÓNICA
Revista temática de masonería

N.º 62 | Julio 2025

Diseño y maquetación:
EꓤA | ALTA RESOLUCIÓN EDITORIAL

Ilustración de cubierta:
El geógrafo
Johannes Vermeer (1632-1675)
Colección del Städel Museum

Al servicio de la
FRANCMASONERÍA UNIVERSAL

© Editorial MASONICA®
www.masonica.es

ENTREACACIAS, S.L.
[Sociedad editora]
 c/Covadonga, 8
 33002 Oviedo-Asturias
 (España)

  info@masonica.es
  pedidos@masonica.es
  admin@masonica.es
  redes@masonica.es

ISSN: 2171-1968
ISBN (edición impresa): 979-13-87560-31-7
ISBN (edición digital): 979-13-87560-32-4
Depósito Legal: AS 00238-2021

Impreso por Podiprint
Impreso en España

© Reservados todos los derechos

Cultura Masónica no se adhiere necesariamente a las opiniones expresadas por sus colaboradores, de las que ellos son los únicos responsables.

SUMARIO
Año XVI / N.º 62 / JULIO 2025

EDUCACIÓN Y MASONERÍA

Casi desde la aparición de la moderna masonería, allá por las postrimerías del siglo XVIII, sus miembros mostraron interés por distintos temas sociales, en especial aquellos vinculados a los sectores menos favorecidos de la sociedad.

Uno de tales temas fue el de la educación, promoviendo proyectos que compensaran el analfabetismo imperante, así como mejorar los contenidos en los distintos tramos formativos. También se fueron interesando en cómo encarar el proceso de aprendizaje, empezando a postular modelos pedagógicos. Pues no sólo había que mejorar aquello que había que enseñar, sino la relación entre maestros y estudiantes, ya que la manera en que se enseñaba es en sí misma un aprendizaje, el del respeto y la estima.

Con tal interés, es de entender que en muchos países la masonería fuera tomando el timón en lo que a educación se refiere. Así, se fomentaron escuelas de primaria, liceos y universidades. Muchas de tales instituciones han llegado hasta nuestros días.

Por todo ello, es obligado en una revista como esta apuntar los vínculos que la Orden ha tenido con la educación, en especial en nuestro país, aunque también conoceremos otros ejemplos, concretamente de Hispanoamérica y Francia. Además, otearemos los proyectos educativos que desde otras asociaciones iniciáticas se han emitido.

Pero como no solo queremos mirar al pasado, también se exponen propuestas en lo que a la actualidad educativa se refiere. Esto es importante, ya que un asunto como este debe estar en constante renovación y mejora para no caer en lo de siempre, enquistarse en viejas fórmulas, que pudieron ser útiles en el pasado, pero que con el tiempo pierden efectividad debido a los cambios que toda sociedad sufre.

Para ello contamos con colaboradores que, con calidad, nos presentan diferentes matices de este tema, y por supuesto les estamos agradecidos, al igual que a los lectores, a los cuales esperamos que este número, sea grato. ⬦

DAVID SUÁREZ DORTA

PEDRO ÁLVAREZ LÁZARO

Catedrático de Teoría e Historia de la Educación en la Universidad Pontificia Comillas de Madrid. Desde 2007 Académico Correspondiente de la Real Academia de la Historia de España. Entre 1989 y 2009 ocupó el puesto de Director Adjunto del «Instituto de Investigación sobre Liberalismo, Krausismo y Masonería» de la Universidad Pontificia Comillas de Madrid, que fundó con el Profesor Enrique Menéndez Ureña, codirigiendo hasta la actualidad la colección LKM de publicaciones creada en el seno del mencionado Instituto. Ha dirigido y participado en una decena de proyectos competitivos de investigación I+D financiados en convocatorias públicas por los diversos ministerios españoles de Ciencia y Educación.

Ha escrito numerosos libros, entre los que pueden destacarse: *Masonería y Librepensamiento en la España de la Restauración* (Madrid, 1985*); Masonería, escuela de formación del ciudadano. La educación interna de los masones españoles en el último tercio del siglo XIX* (Madrid, 1996, 1° ed.; 2019, 5ª ed.) y *Páginas de historia masónica* (Santa Cruz de Tenerife, 2006). Además, es autor de más de un centenar de artículos y capítulos de libros en revistas y editoriales del ámbito internacional.

Como conferenciante, ha difundido el resultado de sus investigaciones en universidades y centros académicos y culturales de Alemania, Francia, Bélgica, Italia, Portugal, Israel, Brasil, Perú, Argentina, Paraguay, Uruguay y gran parte de ciudades españolas. Por sus trabajos sobre historia de la masonería ha recibido numerosos premisos y distinciones nacionales e internacionales.

LA EDUCACIÓN KRAUSISTA EN EL MARCO DE LA LAICIDAD MASÓNICA

Pedro Álvarez Lázaro

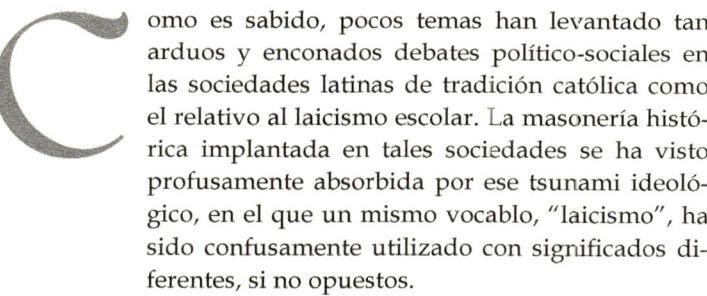omo es sabido, pocos temas han levantado tan arduos y enconados debates político-sociales en las sociedades latinas de tradición católica como el relativo al laicismo escolar. La masonería histórica implantada en tales sociedades se ha visto profusamente absorbida por ese tsunami ideológico, en el que un mismo vocablo, "laicismo", ha sido confusamente utilizado con significados diferentes, si no opuestos.

A través de la colosal masa documental y hemerográfica de talleres simbólicos y organismos superiores conservada en los numerosos fondos documentales existentes, hoy en día sabemos que los masones españoles, como gran parte de sus "hermanos" residentes en otros países católicos, tanto europeos como americanos, apostaron desde antiguo por la enseñanza laica como motor de transformación social. Sin embargo, y como acabamos de decir, esa misma documentación nos descubre también que, reflejando lo que acaecía en la sociedad profana, no todos los hermanos interpretaron de igual manera la naturaleza de la laicidad educativa. Así, respecto al punto clave concerniente a la instrucción religiosa en las aulas, el término enseñanza laica fue adoptado por los partidarios de la neutralidad confesional en la escue-

LA EDUCACIÓN KRAUSISTA
EN EL MARCO DE LA LAICIDAD MASÓNICA

la, pero también sirvió de lema a quienes pretendían impartir una enseñanza antirreligiosa y atea. Por ello, la revista *La Humanidad*, órgano de la logia *Constante Alona* de Alicante, denunciaba ya a finales del siglo XIX que: "mientras para unos laicismo se reducía a relegar de la enseñanza al sacerdote, para otros se traducía en socavar todo el fundamento moral de nuestro carácter nacional, de nuestras costumbres y de nuestras creencias, atacando y detractando toda religión". Es evidente que algunas de estas posturas entraban en contradicción con los principios de teísmo institucional y de tolerancia religiosa propugnados por la carta magna de la masonería universal, las decisivas *Constituciones de Anderson*.

Una primera postura general sobre el laicismo educativo la encarnó un vasto sector masónico partidario de excluir de la enseñanza toda referencia religiosa, sin por ello mostrar en las aulas animadversión hacia ninguna religión en particular. La enseñanza laica, escribía por ejemplo el hermano «Pestalozzi» en 1889 en el semanario filomasónico *La Verdad* de Oviedo, "comprende únicamente la parte científica, haciendo abstracción completa de toda idea religiosa, sin parar en mientes en si es clérigo o seglar el que la presta... La enseñanza religiosa debe ser sustituida por la enseñanza de la moral"[1]. Y Miguel Pimentel, maestro público de profesión y miembro destacado de la logia *Pax Augusta* de Badajoz, insistía en 1892 en que la escuela era el campo neutral en que se respetan por igual todas las opiniones y creencias y, en consecuencia, la enseñanza de la religión correspondía solamente a las familias y a los ministros de los respectivos cultos[2].

Este *laicismo escolar neutral* fue de hecho el planteamiento más difundido entre toda gama de masones españoles[3] (incluidos los hermanos procedentes de sectores obreristas encuadrados en lo que José Alvarez Junco acuñó como la tendencia *anti-ideológica* o *positivista* del anarquismo[4]). Así, ya en 1887, el *Gran Oriente Nacional de España* dirigido por el Vizconde de Ros, por traer un ejemplo de organismos nacionales, instaba a las logias de su dependencia a "defender la libertad absoluta de investigación y a trabajar por implantar la enseñanza laica basada en los principios de la moral universal". A la vez, el recién creado *Gran Oriente Español*, que proclamaba "no reconocer en la investigación científica ninguna autoridad superior a la Razón Huma-

---

[1] PESTALOZZI (1889): "El clero y la educación", *La Verdad*, Oviedo, 7 julio, p. 1.

[2] Centro Documental de la Memoria Histórica de Salamanca (en adelante CDMH), 590-A-1.

[3] Existe constancia de que el laicismo escolar neutral fue defendido por las logias *Alona*, *Constante Alona* y *Numancia* de Alicante (documentos de 20 de abril y 28 de abril de 1892, en CDMH, 57-A-1), *Kadmon* de Villacarlos (CDMH, 589-A-2), *Valencia* de Valencia (CDMH, 283-A-6), etc. También fue impulsado a través de editoriales y artículos por las revistas *La Humanidad* de Alicante, *El Taller* de Sevilla, o *El Mallete* de Barcelona.

[4] J. ALVAREZ JUNCO (1976): *Ideología política del anarquismo español (1868-1910)*, Madrid, Siglo XXI, p. 539 ss.

na". La mayor parte de la treintena de obediencias activas en la España decimonónica, que auspiciaron en total casi 1.200 talleres en la península, Baleares y Canarias, sostuvieron con mayor o menor intensidad estos mismos planteamientos ideológico-educativos de laicismo neutral en sus constituciones, reglamentos, trabajos internos e intervenciones públicas. Entrado del siglo XX el *Supremo Consejo de Grado 33*, el *Gran Oriente Español* y la *Gran Logia de España*, que en conjunto contaron entre sus miembros con alrededor de 140 diputados a las Cortes de 1931 y con personalidades tan destacadas en distintos equipos ministeriales de Instrucción Pública de la IIª República española como Marcelino Domingo, Fernando de los Ríos, Pedro Armasa, Ramón González Sicilia o Rodolfo Llopis, se encastillaron todavía más en la defensa de la enseñanza laica neutral. Como consecuencia lógica de estos posicionamientos, el 5 de agosto de 1931 el *Gran Consejo Federal Simbólico del Gran Oriente Español* elevó una petición al Ministro de Instrucción Pública, el "hermano" Marcelino Domingo, el establecimiento de la Escuela Única[5].

A escala internacional, dentro de esta corriente se alinearon distintos organismos de amplio alcance geográfico-político. A título ilustrativo mencionaremos solamente dos de ellos: el *Congreso de Supremos Consejos reunido en Lausana* en 1875, que instaba a defender la libertad absoluta de investigación y a trabajar por implantar la enseñanza laica basada en los principios de la moral universal; y la *Confederación Masónica Interamericana* (CMI), que en sus Estatutos de 1957, actualizados en 2006 y 2010, advierte que "La Francmasonería considera el laicismo de la sociedad como un programa destinado para el desarrollo económico y social de la historia de la humanidad, esto es, como alternativa seria para la independencia del hombre, de la sociedad y del estado de toda influencia eclesiástica, religiosa o teoría irracional". La *Gran Logia del Uruguay* también formó parte de esta corriente laicista, siendo uno de los motivos que provocaron su ruptura con la *Gran Logia de Inglaterra* el 18 de octubre de 1950.

Una segunda corriente de laicismo la constituyó el sector masónico vinculado al librepensamiento extremo. Nutrido por ateos militantes y por activistas de lo que José Alvarez Junco denomina la orientación *ideologizante* del anarcosindicalismo, defendieron la posición más fundamentalista del laicismo educativo racionalista, que podemos denominar *laicismo negativo*. Su característica diferencial consistió en el intento de llevar a cabo en la escuela

---

[5] M. D. GÓMEZ MOLLEDA (1986): *La Masonería en la crisis española del siglo XX*, Madrid, Taurus, p. 311. La segunda obediencia en importancia numérica, la *Gran Logia Española*, en su Asamblea de junio de 1930 había adoptado, entre otras, la resolución de que en caso de una próxima elección a Cortes se influyese en los diputados para establecer "la enseñanza exclusivamente del Estado, en el sentido integral y laico, con la prohibición de practicarla a las Congregaciones religiosas" (*Ibid.*, p. 208)

un adoctrinamiento ideológico en los niños para erradicar de sus mentes toda creencia revelada. No descansaba necesaria y únicamente en la enseñanza directa de doctrinas ateas o agnósticas, sino intentaba, en cualquier caso, sembrar en el aula el relativismo religioso y crear sentimientos adversos al catolicismo y a cualquier otra religión positiva. Esta forma dogmático-materialista de comprender la enseñanza laica no fue exclusivamente producto de la mentalidad anticlerical, de suyo común a otras corrientes laicistas reactivas al clericalismo imperante, sino consecuencia lógica de considerar el hecho religioso como algo en sí mismo alienante y en extremo perjudicial para la emancipación del obrero y de la sociedad. La institución educativa española más conocida de esta tendencia fue la Escuela Moderna del hermano masón Francisco Ferrer Guardia[6], que atrajo a su órbita a un significativo grupo de escuelas dirigidas por maestros laicos republicanos y anarquistas e influyó notablemente en la red escolar lerrouxista de comienzos del siglo XX[7]. La enseñanza racionalista de Ferrer Guardia se extendió por diversos países latinoamericanos, entre los que se encontraba Uruguay. El *laicismo escolar negativo* fue adoptado por algunos talleres[8] y contó desde Madrid con el acomodo del *Gran Oriente Nacional de España-Gran Oriente Ibérico* y del *Gran Consejo General Ibérico*, y en Cataluña con el apoyo de la *Gran Logia Simbólica Regional Catalana* y de la *Asamblea de Logias Confederadas de Barcelona*. Particularmente fue impulsado por las sociedades librepensadoras más extremistas[9], muchas de ellas estrechamente vinculadas con la masonería[10].

---

[6] P. ÁLVAREZ LÁZARO (1994): "Ferrer y la Escuela Moderna", *Historia de la Educación en España y América*, S.M. y Morata, Madrid, Vol. III, 604-609; y (2000): "Ferrer Guardia, Francisco", *Encyclopédie de la Franc-Maçonnerie*. Le Livre de Poche, Librerie Générale Française, Paris, pp. 300-301; (2016): "Francisco Ferrer Guardia y la Escuela Moderna de Barcelona", *Padres y Maestros*, Madrid, 366, pp.83-88.

[7] P. ÁLVAREZ LÁZARO (2001): "Las escuelas laicas y racionalistas en la época fundacional del Ministerio de Instrucción Pública y Bellas Artes, en. *Cien años de educación en España. En torno a la creación del Ministerio de Instrucción Pública y Bellas Arte*s, Ministerio de Educación, Cultura y Deporte y Fundación BBVA, Madrid, pp. 255-270.

[8] Un caso paradigmático lo ofrece el capítulo *El Pelícano* de León, que en 1892 defendía enseñanza laica porque: "prescinde de los conocimientos religiosos o sólo se ocupa" de las religiones "para probar con sus afinidades, contradicciones y absurdos, su total falsedad" (26 noviembre 1892, CDMH, 762-A-6). En la misma postura se decantaron las logias *Hijos del Trabajo* de Valdemorillo; *Luz de Fraga* (Fraga); *Emancipación* (Sallent, Barcelona); o *Hijos del Trabajo* (Barcelona).

[9] Los ejemplos abundan en periódicos como los siguientes: *Las Dominicales del Libre Pensamiento*, Madrid; *El Motín*, Madrid; *La Luz*, Barcelona; *El Libre Pensador*, Murcia; *La Antorcha Valentina*, Valencia, etc.

[10] P. ALVAREZ LAZARO (2003) : « Franc-maçonnerie et Libre Pensée en Espagne peninsulaire (1868-1898) », en *Franc-maçonnerie et Histoire. Bilan et perspectives*, Publications des Universités de Rouen et du Havre, pp. 289-314 ; y (2001): "Laicismo y librepensamiento insti-

LA EDUCACIÓN KRAUSISTA
EN EL MARCO DE LA LAICIDAD MASÓNICA

En tercer lugar, aunque no el último en importancia, un cualificado sector masónico, difícilmente cuantificable pero presente en todas las obediencias, suscribió que la enseñanza debía eludir el influjo de la Iglesia y de las órdenes religiosas en la escuela pero de ningún modo desatender la instrucción religiosa en las aulas. Así, la logia *Acacia* n° 93 de Valencia, por traer algún ejemplo, entendía por "enseñanza laica aquella que bajo la dirección de un maestro laico y sin la menor ingerencia (sic) del clero, se imparta en las escuelas sin prescindir en absoluto de las doctrinas religiosas universalmente admitidas como fundamentales y que son innatas"[11]. Otros talleres simbólicos, como las logias *Firmeza* de Cádiz, *Hijos de la Humanidad* de Mahón o *Unión* de Madrid, se mostraron igualmente convencidos de que la enseñanza de la religión constituía un elemento necesario en la educación integral de los niños[12]. Y a la misma línea argumental se aferraron masones tan destacados como el Director General de Instrucción Pública y diputado a Cortes, Eduardo Vicenti Reguera, que defendió en el Congreso que el laicismo resultaba inaceptable si era materialista o si significaba la supresión de todo sentimiento religioso[13].

Este *laicismo escolar positivo* contó en la esfera intelectual profana con ilustres paladines, como José Ortega y Gasset[14] o como Miguel de Unamuno[15], que abogaron por una enseñanza de carácter aconfesional pero simultáneamente luchaban en favor de algún tipo de instrucción religiosa obligatoria en la escuela pública. Sin embargo, quien sin duda alguna sobresalió en la órbita del laicismo escolar de impronta religiosa fue D. Francisco Giner de los Ríos. Tanto por el interés intrínseco que encierra la emblemática figura del padre de la prestigiosa Institución Libre de Enseñanza, como por la sustancia masónica de su filosofía educativa krausista[16], vamos a detenernos a presentar sucintamente la *laicidad gineriana*.

---

tucional en la España peninsular de la Restauración", en *Secularización y laicismo en la España Contemporánea*, Sociedad Menéndez Pelayo, Santander, pp. 161-206.

[11] CDMH, 778-A-4.

[12] CDMH 491-A-199, 588-A-6 y 552-A.

[13] T. GARCÍA REGIDOR (1985): *La polémica sobre la secularización de la enseñanza en España*. Madrid, S. M., p. 245.

[14] Ortega, replicando a Menéndez Pelayo, proponía en *El Liberal* la enseñanza en la escuela de una teodicea no confesional [T. GARCÍA REGIDOR, o. c., p. 248]

[15] Miguel de Unamuno declaró en cierta ocasión a la prensa de Buenos Aires: "Abogo por que la enseñanza pública nacional sea laica, es decir, dada por laicos, no por eclesiásticos, pero que no puede ni debe prescindirse en ella de la enseñanza de la religión. De la religión ¡eh!, y de la religión cristiana; pero no específicamente de la doctrina católica apostólica romana". Citado en B. DELGADO (1973): *Unamuno educador*. Madrid, Magisterio Español, p. 222.

[16] En otros lugares he demostrado documentalmente cómo, en contra de lo que se ha propagado hasta la saciedad sin ningún fundamento, D. Francisco Giner de los Ríos no sólo no

Laicidad educativa gineriana:
la tolerancia positiva en la escuela

El escrito donde tal vez dejó sentados con mayor claridad y concisión sus planteamientos con respecto a tema que nos ocupa fue el artículo "La enseñanza confesional y la escuela", publicado por primera vez en 1882 por el *Boletín de la Institución Libre de Enseñanza*[17].

Comenzaba Giner su ensayo defendiendo la necesidad de formación religiosa en las aulas, porque consideraba indiscutible que "sin levantar el alma del niño al presentimiento siquiera de un orden universal de las cosas, de un supremo ideal de vida, de un primer principio y nexo fundamental de los seres, la educación estaría incompleta, desvirtuada, y en vano pretenderá desenvolver íntegramente todas las facultades del niño e iniciarlo en todas las esferas de la realidad y del pensamiento"[18]. A partir de esta premisa fundamental, constitutiva del concepto gineriano de educación integral como se advierte en la cita, acuñó el término clave de *tolerancia positiva*. Por tal entendía D. Francisco el cultivo en el aula de una enseñanza religiosa, "no escéptica e indiferente, sino de simpatía hacia todos los cultos y creencias…, encaminadas todas a satisfacer…una tendencia inmortal del espíritu humano"[19]. Y para instrumentar la tolerancia positiva abogó por una formación amplia y verdaderamente universal del sentido religioso en los niños,

---

pertenció a la masonería, sino que rechazó radicalmente todo tipo de compromiso personal o institucional con la Orden del Gran Arquitecto del Universo [véase, por ejemplo, P. Álvarez Lázaro (2013): "Relaciones del krausismo español con la Masonería", en *La Institución Libre de Enseñanza y Francisco Giner de los Ríos: nuevas perspectivas*), Madrid, Fundación Francisco Giner de los Ríos y Acción Cultural Española, pp. 260-277]. Puede afirmarse, sin reparo alguno, que nunca pisó una logia. Pero una cosa es una vinculación institucional concreta, que en muchas ocasiones resulta meramente circunstancial, y otra muy distinta una influencia de carácter filosófico-masónico muy determinada y determinante. Por las investigaciones definitivas de Enrique M. Ureña se sabe que el influjo masónico sobre el krausismo en general, y sobre Francisco Giner de los Ríos en particular, arranca propiamente de la misma filosofía de Karl Christian Friedrich Krause. Este influjo se produjo especialmente a través de la obra cumbre filosófico-social del pensador alemán, *Das Urbild der Menschheit* (*El Ideal de la Humanidad*), 1811, catalogada por su autor como un libro de filosofía masónica y cuyo subtítulo aclaraba que estaba escrito preferentemente para masones. Para la cuestión que nos ocupa, los postulados filosófico-religiosos de Giner, de evidente sustancia krausista, se vieron fielmente reflejados en su manera de entender la laicidad escolar.

[17] Véase *BILE*, 1882, T. VI, nn. 132 y 133, pp. 173-174 y 191-192. Posteriormente se ha reeditado en diversas ocasiones, siendo la más reciente la recogida en la mencionada edición de las obras selectas de Giner llevada a cabo por I. Pérez-Villanueva, publicada por Espasa Calpe en 2004.

[18] F. GINER DE LOS RÍOS, "La enseñanza confesional y la escuela", en *Francisco Giner de los Ríos. Obras selectas*, Edición de I. PÉREZ-VILLANUEVA (2004), Espasa Calpe, Madrid, .p. 295.

[19] *Ibid.*, p. 296

que tuviera como meta despertar en los espíritus infantiles "esa *quaedam perennis religio*, ese elemento común que hay en el fondo de todas las religiones positivas" [20]. La enseñanza de la religión debía convertirse entonces en centro de unión entre los escolares, cualquiera que fuese su credo religioso, en vez de mantenerse como fermento de separación y distanciamiento entre ellos. Eugenio Otero Urtaza recuerda oportunamente, abordando esta cuestión, cómo Giner consideraba que la escuela no podía a limitarse simplemente a respetar todos los cultos y creencias, sino que estaba convencido de que además debía proporcionar una formación religiosa por encima de ellas, de tal manera que el niño pudiera cultivar su religiosidad libremente[21]. El pedagogo de Ronda disentía, por tanto, de los defensores de la educación confesional católica, que pretendían la enseñanza obligatoria de un credo religioso en exclusiva, pero también de los partidarios del laicismo neutral y excluyente, que deseaban eliminar toda referencia religiosa en los centros educativos. En un contexto político-social de rearme de la Iglesia Católica y de simultáneo crecimiento de poderosos movimientos anticlericales, creyó que la escuela debía ser "no ya un campo neutral, sino una maestra universal de paz, de mutuo respeto, más aún, de amor, y de despertar doquiera ese espíritu humano desde los primeros albores de la vida"[22].

Objeciones a la enseñanza dogmático-confesional, a la escuela neutra y al laicismo negativo

Partiendo del axioma de la *tolerancia positiva*, D. Francisco presentó serios reparos de fondo y forma a la enseñanza confesional en la escuela. Contra quienes la defendían a ultranza adjudicando al catolicismo el monopolio de la verdadera religiosidad, argüía que la formación del sentido religioso del niño no requería el auxilio de los dogmas particulares de una teología histórica, por sabia y respetable que fuese[23]; por el contrario, replicaba que la enseñanza de fórmulas abstractas, dogmas enigmáticos y oraciones ininteligibles dejaba al niño en realidad huérfano de toda verdadera educación religiosa[24]. Pero además, tampoco era aconsejable la fórmula tradicional de establecer escuelas particulares de cultos diferentes, católicas, protestantes, hebreas, etcétera, pues, según decía, no lograba sino dividir a los niños en

---

[20] *Ibid.*
[21] E. OTERO URTAZA (1999): "La Institución Libre de Enseñanza y el laicismo escolar belga", en E. M. UREÑA Y P. ÁLVAREZ LÁZARO (Eds.), *La actualidad del krausismo en su contexto europeo*, Colección LKM, Universidad Comillas, Madrid, 1999, p. 153.
[22] F. GINER DE LOS RÍOS, "La enseñanza confesional...", *o.c.*, p. 297.
[23] *Ibid.*, 295
[24] *Ibid.*, 296.

castas incomunicadas desde la cuna. Así pues, en la escuela era necesario establecer un sistema de formación religiosa en el que nadie quedarse excluido, pero debía evitarse la enseñanza dogmática de cualquier culto, tanto en los centros públicos como en los privados, porque ello no conducía sino a favorecer la desunión y las divisiones. En esta cuestión era tajante: "no sólo debe excluirse la enseñanza confesional o dogmática de las escuelas del Estado, sino aun de las privadas, con una diferencia muy natural, a saber: que de aquéllas ha de alejarla la ley; de éstas, el buen sentido de sus fundadores y maestros"[25].

Recibida en la escuela la base religiosa fundamental, de carácter unitario y común, la enseñanza y la práctica de cada credo particular debían ser confiadas, en opinión de Giner, a la dirección de la familia y del sacerdote y consagradas en el hogar y el templo, lugares en que podían caber ya diferencias que en las aulas resultaban prematuras. Por añadido, la enseñanza confesional propiamente dicha debía reunir dos condiciones esenciales: "la primera, inspirarse, en medio de su particularidad, de un espíritu de reverencia y tolerancia; y la segunda, procurar a toda costa hacerse accesible al educando"[26]. El ámbito de las religiones positivas había de permanecer, por tanto, extramuros de la vida escolar, pero pedagógicamente debía velarse por enfocar su enseñanza con espíritu ecuménico y esforzarse en adecuarla a las mentalidades infantiles.

Giner de los Ríos se cuestionó, sin embargo, si podía establecerse una reforma en España para implantar la *neutralidad de la escuela*. Analizando sin ingenuidad y con realismo esta posibilidad, según decía, y a la vista de los graves inconvenientes que había suscitado la nueva ley de Instrucción primaria en Francia, consideró que la mentalidad social existente en el país la hacía desaconsejable. No obstante, declaraba categóricamente que en ningún caso podían violentarse las conciencias de los padres o maestros no católicos: "un solo maestro o una sola familia, violentados en su fe religiosa, tienen perfecto derecho a que se les exima de esta violencia y se les respete tanto como se respetaría a millones de hombres en su situación"[27]. Su propuesta consistía en que, mientras se ganase a la opinión pública a favor de una escuela inspirada en la tolerancia positiva, se eximiera de la enseñanza católica a los niños de cuyas familias no la deseasen; y que cuando un maestro no quisiera impartirla se encargara al párroco, o a otra persona designada de acuerdo con la autoridad eclesiástica, de desempeñar esta misión[28].

---

[25] *Ibid.*, 297.
[26] *Ibid.*, 296.
[27] *Ibid.*, 300.
[28] *Ibid.*

LA EDUCACIÓN KRAUSISTA
EN EL MARCO DE LA LAICIDAD MASÓNICA

La apuesta por la *tolerancia positiva* llevó también a Giner a censurar, por otro lado, aquellos paradigmas de enseñanza laica que se despreocupaban del hecho religioso o que promovían actitudes de intransigencia y de confrontación. Sus impulsores, advertía, desvirtuando el verdadero sentido de la *neutralidad* ponían en peligro la escuela y convertían la educación en una obra exclusivamente militante y sectaria. Así denunciaba que "mucha parte de los defensores de la enseñanza laica, no los son por razones jurídicas, ni por las exigencias de una educación verdaderamente racional, sino por combatir el influjo del clero… y fundar una supuesta educación anticlerical, racionalista y republicana, olvidando que el mismo derecho tiene la nación a que no se perturbe con precauciones intolerantes la conciencia del niño, lo que puede invocar frente a frente del fanatismo anticatólico que del ultramontanismo"[29].

En la época en que Giner escribió el trabajo en que nos basamos, percibió con claridad el efecto producido por las medidas que había emprendido el partido liberal belga a favor de la escuela laica y el rumbo secularizador en la enseñanza primaria tomado por los hombres de la IIIª República francesa. Eugenio Otero, de nuevo, constata cómo Giner veía que en Bélgica el movimiento laicista se estaba convirtiendo en un motor destructor de toda idea religiosa, mediatizado por los prejuicios racionalistas que él juzgaba igualmente dogmáticos y que se instalaban en la mentalidad de los grupos cada vez más agresivamente opuestos al poder de la Iglesia Católica[30]. Efectivamente, en medio de su desconcierto, D. Francisco censuraba "la manera como en ciertos pueblos, señaladamente en Bélgica y Francia, han planteado la cuestión muchos defensores de la neutralidad confesional en la escuela, es decir, en nombre del llamado libre examen, racionalista y en abierta hostilidad a una religión positiva, o a todas"[31]; y sin solución de continuidad se quejaba de que la denominación enseñanza laica hubiera venido a ser "bandera agresiva de un partido, muy respetable sin duda, pero que en vez de servir a la libertad, a la tolerancia, a la paz de las conciencias y de las sociedades, sirve para todo lo contrario"[32]. En el corazón de estas recriminaciones a los liberales belgas y a los republicanos franceses latía la acusación de haber impuesto en nombre de la neutralidad de la enseñanza un laicismo sectario y de conducir el movimiento secularizador hacia el ateísmo. Por ello denunciaba en un párrafo que no tiene desperdicio: "Recuérdense los discursos de Paul Bert o de Spuler, o del mismo J. Ferry (hoy por señas en camino de mayor templanza), cuando la célebre cuestión de las congregacio-

---

[29] *Ibid.*, 298.
[30] E. OTERO URTAZA, *o. c.,* p. 154-155.
[31] F. GINER DE LOS RÍOS, "La enseñanza confesional…", *o.c.,* p. 297.
[32] *Ibid.*

nes religiosas. Su espíritu, que informa, por desgracia, todavía a una masa importantísima de los partidos liberales, corresponde a uno de los más grandes vicios de la concepción reinante en nuestro tiempo. El movimiento emancipador que desde el siglo XVI, sobre todo, ha venido secularizando, por decirlo así, y consagrando la dependencia del Estado, de la moral, de la ciencia, de la industria, de todos los órdenes humanos, ha excedido su fin en la historia y declinado en un como ateísmo, que sólo quiere oír hablar de la vida presente y de los intereses terrenos"[33].

****

A la luz de lo que hemos expuesto, no puede negarse la extraordinaria afinidad existente entre la laicidad educativa gineriana y de fundamento krausista, defensora de la tolerancia positiva en la escuela, y los principios normativos de las *Constituciones de Anderson*, asentados simultáneamente en el teísmo institucional y en la libertad de conciencia[34]. No todas las orientaciones masónicas compartían esos mismos puntos de vista, pero, la laicidad positiva estaba en concordancia con las orientaciones de la masonería andersoniana. En el fondo, la filosofía krausista caminaba indefectiblemente por esa senda. ⚒

---

[33] *Ibid.,* 297-198.

[34] Las constituciones andersonianas definían a la Masonería, en síntesis, como una institución laica creada para unir a los hombres por encima de las diferencias que los separaban. Además obligaban a todo masón a creer en Dios, dejando a cada cual libertad para practicar individualmente el credo que profesase. La Masonería se reconocía a sí misma, por tanto, institucionalmente teísta, pero no deísta, ni panteísta, ni cristiana, ni musulmana, ni judía, pues ello hubiera conllevado la imposición de una concepción determinada de Dios que hubiera ido contra el principio de fraternidad y tolerancia político-religiosa en el que se asentaba la Orden. En consecuencia, surgía como una corporación de carácter extraeclesial y sin pretensiones de convertirse en una religión alternativa. Consideraba la libertad de conciencia como fundamento del ejercicio responsable de la libertad religiosa, y la tolerancia como una actitud procedente de la igualdad en dignidad de las personas humanas. La verdadera fraternidad no sería sino el fruto una la armonía humana que requiere la libertad de conciencia y la equidignidad de los seres humanos.

Una obra imprescindible para comprender el papel formativo
de la masonería en la construcción de la ciudadanía moderna.
Rigor académico y profundidad histórica.

Miguel Salas Díaz (Madrid, 1977) es licenciado en Filología Hispánica y doctor en Teoría de la Literatura y Literatura Comparada. Ha sido profesor en universidades de Italia, China y Taiwán. Ahora reside en Madrid y es profesor de enseñanza secundaria y de universidad.

Además, es autor de los poemarios *La Luz* (Hiperión, 2007) y *Las almas nómadas* (Hiperión, 2011), de las novelas *Ni temeré las fieras* (Salto de Página, 2017) y *La madre del frío* (Alrevés, 2023), del álbum infantil *Tonino* (OQO, 2013), y del ensayo *(En) plan lector. Sobrevivir a la adolescencia sin dejar de leer* (Plataforma, 2023). Recopiló sus columnas periodísticas sobre Taiwán en el volumen *Estación de Oriente* (Catay, 2021). También ha traducido la obra poética de G. K. Chesterton (*El gran mínimo.* Salto de Página, 2014) y de Li QingZhao (*Jade puro.* Hiperión, 2014).

Es colaborador de podcasts como *La Escóbula de la Brújula, El Libro Rojo* o *La Trampa Existencial*, en los que habla de literatura, simbolismo y Tradición.

METAFÍSICA Y PEDAGOGÍA PARA EL KALI-YUGA
UNA REFLEXIÓN

Miguel Salas Díaz

«Al que escandalice a uno de estos pequeños que creen en mí, más le valdría que le colgasen al cuello una piedra de molino, de las que mueve un asno, y lo hundieran en el fondo del mar».

Mateo, 18:6

I. Declaración de intenciones

Ser profesor en la sociedad actual supone un reto. Vivimos en un mundo que cambia –cae– a una velocidad vertiginosa, e inmersos en un discurso pedagógico que se desarrolla en consonancia con las grandes mentiras de la modernidad y que se revela, en cuanto uno intenta desentrañarlo, como pura ideología. El pedagogismo contemporáneo pretende estar al servicio del alumno, proporcionarle herramientas para adaptarse al mundo nuevo, convertirle en dueño de su propio proceso de aprendizaje y, en última instancia, de su destino, pero lo único que consigue en realidad es reducir sus posibilidades vitales de manera drástica, alejándolo de su verdadera naturaleza y abandonándolo a los vaivenes de la existencia sin una orientación integral.

En mi opinión, solo la *Sophia Perennis* es capaz de explicar el problema de la desorientación pedagógica actual desde una perspectiva superior y trascender los límites que condicionan los planteamientos de otras propuestas. Como dice Chetan Ghislain, "la escuela está enferma porque la civilización moderna está enferma. La causa de su enfermedad se encuentra inevitablemente en su filosofía o, mejor dicho, en su carencia de una filosofía digna de este nombre"[1]. La Metafísica es, precisamente, esa sabiduría que puede atacar el problema desde su raíz, devolver al ser humano a su centro y, de ese modo, sanarlo de la patología de la modernidad.

Empecemos por el principio.

II. Algunos conceptos fundamentales

II.1. ¿QUÉ ES LA TRADICIÓN?

Lo primero que hemos de aclarar es a qué nos referimos cuando hablamos de Tradición, ya que es una palabra que puede tener significados distintos según cómo y cuándo se use. La Tradición no es simplemente un conjunto de costumbres transmitidas de generación en generación, sino que, como muy bien explica M. Ali Lakhani:

> Hace referencia a la sabiduría primordial y perenne que encontramos en todas las tradiciones religiosas, enraizadas en principios metafísicos que son universales en su esencia aunque puedan diferir en su modo de articulación, y que ha sido transmitida a través de los tiempos. "Tradicional" no es sinónimo de convencional, o de "antiguo". Se refiere a una doctrina mediante la cual la realidad se discierne como Una, y al método de realización o de unión con dicha realidad. La metafísica Tradicional es la ciencia de lo real[2].

Una tradición –tirar una cabra de un campanario, por ejemplo– puede no estar asentada en principios metafísicos universales, ni comunicarnos un método para unirnos con el Origen de todo lo manifestado. La Tradición, que etimológicamente significa "lo que se transmite o entrega"[3], no es otra cosa que la explicación de cómo debemos comportarnos para recibir, conservar y transmitir a las siguientes generaciones la Verdad revelada por Dios a través de las diferentes tradiciones espirituales.

II.2. ¿QUÉ PUEDE APORTAR EL ESTUDIO DE LA TRADICIÓN A LA PEDAGOGÍA?

La Tradición siempre ofrece la respuesta más amplia y abarcadora a nuestras circunstancias vitales. No es, como muchos piensan, "reaccionaria", pues su visión no es fruto de la reacción a una situación determinada, sino que la contempla desde una perspectiva anterior y superior incluso al mismo hombre.

---

[1] Ghislain CHETAN, *La escuela a la deriva*, Palma de Mallorca, 2012, p. 19.

[2] M. Ali LAKHANI, "Education in the Light of Tradition: a Metaphysical Perspective, en *Education in the Light of Tradition*, coordinado por Jane CASEWIT, Indiana, 2011, p. 27. (Traducción de Miguel Salas).

[3] Javier ALVARADO PLANAS, *René Guénon. Testigo de la Tradición (introducción a las Obras Completas)*, Madrid, 2023, p. 23.

METAFÍSICA Y PEDAGOGÍA PARA EL KALI-YUGA
UNA REFLEXIÓN

Al no tener un origen humano, el conocimiento metafísico nos proporciona una universalidad, una objetividad, y una originalidad (en el sentido etimológico de "propio del Origen") a las que ninguna visión, teoría o propuesta de cualquier época o cultura pueden aspirar por definición. El socialismo, el liberalismo y las demás teorías sociales que pretenden dar una solución completa y definitiva a los problemas del mundo moderno solo son capaces de realizar acercamientos parciales. Solo la Tradición puede dejar al desnudo las falsas premisas que sirven de base a la modernidad y ofrecer una visión del mundo completa y alternativa a la actual decadencia[4].

Para eso, sin embargo, hemos de aceptar que la Verdad existe y es una, y que podemos aspirar a conocerla. En los tiempos que corren, nada más revolucionario que decir que la hierba es verde, como decía Chesterton, o en palabras de Frithjof Schuon, que "la verdad no es un asunto personal; los árboles florecen y el sol sale sin que nadie tenga que preguntar quién les ha sacado del silencio o de las tinieblas, y los pájaros que cantan no tienen nombre"[5].

A pesar de la injusta y simplista visión moderna que las describe como conjuntos de hombres violentos y supersticiosos, todas las sociedades tradicionales le han dado una grandísima importancia a la educación. No olvidemos, por ejemplo, que las universidades tienen su origen en el occidente medieval y cristiano, y que su fundación no puede separarse de aquella forma profundamente tradicional de entender la existencia, que está muy lejos de responder a los prejuicios contemporáneos sobre el Medievo.

II.3. EL SENTIDO TRADICIONAL DE LA VIDA

Para comprender cuál debe ser el objetivo de la educación hemos de reflexionar primero sobre el sentido de la existencia para las sociedades tradicionales. Para ellas, lo más importante de la vida humana es la relación con Dios, y nuestra prioridad "el retorno a nuestro Creador con las almas purificadas y preparadas para la eternidad"[6]. Si comprendiéramos esto de verdad, desde el corazón, quizá no seríamos tan indulgentes con la ideología moderna, que pretende reducirnos a una amalgama de impulsos físicos y químicos que existen por puro azar, y nos invita a despilfarrar la vida volcados en la satisfacción de nuestros instintos y deseos, y a preocuparnos en exclusiva de nuestra comodidad material.

Para las sociedades tradicionales, por el contrario, el mundo es sueño, y hemos de aplicarnos en cuerpo y alma a perforar el velo de Maya y a tras-

---

[4] M. Ali LAKHANI, "Education in the Light of Tradition…", *op. cit.*, p. 28.
[5] Frithjof SCHUON, *Sobre los mundos antiguos*, Madrid, 1980, p. 36.
[6] Jane CASEWIT, "Editorial", en *Education in the Light of Tradition*, coordinado por Jane CASEWIT, Indiana, 2011, pp. VII-VIII.

cender la multiplicidad de las apariencias, para regresar al Uno. Esta unión es la que proporciona una estructura y un orden a la vida humana: sin ella, estamos condenados a la animalidad. Solo mediante una educación correcta podremos devolver nuestra atención a lo esencial. Como dice el magnífico poema de Schuon, "Es bueno traer un niño al mundo, / Y educarlo con amor y cuidado – / Pero cuando crezca, el mundo se tomará la molestia / De hacerle lo contrario: arrastrará el alma del joven, / Aún vacilante, al reino del engaño. / Dad, por tanto, al niño, un alma recta a una edad temprana, / Para que, con coraje, escoja la verdad"[7].

Esa debería ser la función prioritaria de la educación.

II.4. LAS TRES PARTES DE LA NATURALEZA HUMANA

El conocimiento tradicional nos enseña que la naturaleza humana es tripartita y está compuesta por cuerpo, alma y Espíritu (*corpus*, *anima* y *Spiritus* en latín; *soma*, *psyche* y *Pneuma* en griego y *jasad*, *nafs*, *Ruh* en árabe). Si escribo en mayúscula Espíritu y sus equivalentes en otros idiomas es porque, de los elementos que nos conforman, es el único que no es personal, sino divino, el único que no ha nacido ni morirá. Esta estructura tripartita de nuestra naturaleza se refleja en la jerarquía de nuestras facultades. Al Espíritu le corresponde el Intelecto, al alma la facultad de la razón (que incluye los sentimientos, la imaginación y la memoria[8]), y al cuerpo los instintos.

La función del Intelecto es traspasar el velo del espacio y el tiempo y proporcionarnos una visión de lo Absoluto. Es capaz de desechar lo accidental y aprehender la Verdad, de manera inmediata, total y objetiva. No responde a un proceso lógico y discursivo, sino contemplativo, y el resultado de su actividad es la unión del conocedor y lo conocido, y por lo tanto la certeza. Como podemos observar, el significado de la palabra intelecto no tiene nada que ver con el que se le da en la modernidad, que está relacionado con lo racional y lo libresco.

La razón, por su parte, "pertenece al mundo de las formas, por lo que los hombres no pueden alcanzar con ella una verdad o una certeza absoluta"[9]. El conocimiento racional sirve para manejarse en el mundo de las apariencias –del tiempo y del espacio– y en él cumple una función fundamental y positiva (es absurdo, por ejemplo, poner en entredicho el valor de la ciencia). No existe una oposición entre el Intelecto y la razón: cada uno sirve para una función diferente, y necesitamos de ambos, pero todas las culturas tradicio-

---

[7] Frithjof Schuon, citado por Jane CASEWIT, "Editorial", *op. cit.*, p. IX. Traducción de Miguel Salas.
[8] William STODDART, "The Role of Culture in Education", en *Education in the Light of Tradition*, coordinado por Jane CASEWIT, Indiana, 2011, p. 23.
[9] Tage LINDBOM, *La semilla y la cizaña*, *op. cit.*, p. 56.

nales enseñan que la razón se extraviará si no está subordinada al Intelecto, pues solo puede participar de la Verdad en tanto en cuanto se deje iluminar por ella, y solo el Intelecto es capaz de percibir dicha luz. Rumi escribió un poema que refleja la relación entre Intelecto y razón:

> Existen dos tipos de intelecto: el primero se adquiere. Lo aprendes como un niño en la escuela, de libros, profesores, reflexión y rutina, de conceptos y de las nuevas y excelentes ciencias. / Tu intelecto se hace más grande que el de los otros, pero tal adquisición te causa una pesada carga... / El otro intelecto es un regalo de Dios. Su fuente descansa en el centro del Espíritu. / Cuando el agua del conocimiento mana de tal pecho, nunca se estanca, ni envejece, ni se decolora. / Si el cauce de la fuente externa se bloqueara, no habría razón para preocuparse, ya que el agua seguiría manando desde el interior de la casa. / El intelecto adquirido es como una corriente conducida a la casa desde su exterior. / Si su cauce se bloquea, no sirve para nada. ¡Busca la fuente que mana de tu interior![10]

La diferencia entre las sociedades tradicionales y la secular moderna es que las primeras valoraban positivamente la razón, pero entendían que no era capaz de abarcar toda la realidad, y que, para la última, en la que hoy vivimos, la razón es el único modo de conocimiento con el que contamos y no existe nada que esta no sea capaz de captar. William Stoddart utiliza una imagen muy expresiva para explicar la sana relación entre Intelecto y razón: el primero sería como el vértice de un cono, y la segunda la base circular. La modernidad se concentra en la base y niega el vértice, cuya existencia es negada por la mayoría de los seres humanos modernos[11].

II.5. LA CAÍDA

La consecuencia inmediata de la atrofia del Intelecto es que la presencia divina se vuelve cada vez más difícil de percibir y, como consecuencia, nuestra razón se inflama y sobredimensiona. Ya el humanismo renacentista propone que tomemos al hombre como medida de todas las cosas, lo cual demuestra de manera palmaria la pérdida de contacto con el Principio Superior, verdadera y única medida posible. El antropocentrismo "sentó las bases de lo que posteriormente fue el laicismo y la extensión del punto de vista profano a todos los ámbitos de la cultura"[12]. El "libre examen" del protestantismo supone la versión religiosa del espíritu renacentista, pues "es la negación de toda autoridad legítima y tradicional en la medida en que permite que un elemento supra-

---

[10] M. Ali LAKHANI, "Education in the Light of Tradition...", op. cit., p. 30. Traducción de Miguel Salas.
[11] William STODDART, "The Role of Culture...", op. cit., p. 23.
[12] Javier ALVARADO PLANAS, René Guénon..., op. Cit., pp. 45-46.

humano, como es la Revelación, pueda ser objeto de libre interpretación"[13]. Las revoluciones posteriores –la francesa, la industrial, la rusa, la digital– continúan hundiendo al hombre en el materialismo.

El problema principal es que la caída no ha terminado de cumplirse. El ser humano es como un árbol con las raíces agarradas profundamente a Dios. Si lo separamos de Él, el árbol se secará inevitablemente y la muerte terminará por alcanzar la punta de las ramas más pequeñas. La pérdida del Intelecto provocó el racionalismo, pero acabaremos por perder también la razón, para caer en el sentimentalismo (no son pocos los síntomas de que ya hemos comenzado esta etapa) y, por último, los sentimientos para abrazarnos al instinto, como si fuéramos animales salvajes. "Lo exclusivamente humano, lejos de poderse mantener en equilibrio, conduce siempre a lo infrahumano"[14], afirma Schuon.

Por lo tanto, y aunque pretende liberar al hombre de la superstición y el oscurantismo, la secularización en la que estamos inmersos consigue lo contrario: rompe nuestro único vínculo –el Intelecto– con la Realidad. Ya no podemos distinguir lo esencial de lo accidental. El velo de Maya nos separa de Dios inevitablemente y nos deja abandonados a nuestra propia subjetividad, a la relatividad de nuestros pensamientos y nuestros sentimientos. Al ego. Hablamos del paso del teocentrismo al antropocentrismo como de una conquista, de un progreso, pero no lo es. Como dice Schuon:

> El cielo –o un cielo– se cierra por encima de nosotros sin que nos demos cuenta, y en esta compensación descubrimos una tierra que nos parece desconocida durante largo tiempo, una patria que abre sus brazos para acoger a sus hijos y que querría hacernos olvidar todos los paraísos perdidos; es el abrazo de Maya, el canto de las sirenas; Maya, en lugar de conducirnos, nos encierra[15].

Esto no significa que Dios se aparte, o haya muerto, como afirma Nietzsche, pues "lo milagroso y lo divino están en todo; es la mentalidad humana la que está ausente."[16]

II.6. LAS CONSECUENCIAS DE LA SECULARIZACIÓN

La pérdida de contacto con la Realidad provoca una serie de consecuencias poco deseables que son el adorno de la modernidad. Sin intención de ser exhaustivo, veamos algunas de ellas.

---

[13] Javier ALVARADO PLANAS, *René Guénon...*, *op. cit.*, p. 54.
[14] Frithjof SCHUON, *Sobre los mundos...*, *op. cit.*, p. 13.
[15] Frithjof SCHUON, *Sobre los mundos antiguos*, *op. cit.*, pp. 32-33.
[16] Frithjof SCHUON, *El esoterismo como principio ...*, *op. cit.*, p. 43.

METAFÍSICA Y PEDAGOGÍA PARA EL KALI-YUGA
UNA REFLEXIÓN

a. La primera es, como ya hemos mencionado, la pérdida del sentido de la trascendencia. Ya no nos consideramos los representantes de Dios en la tierra, sino "la cúspide del reino animal"[17]. Solo podemos entendernos desde "abajo" –lo inconsciente, lo instintivo, lo biológico– porque no reconocemos que exista un "arriba": nos parece risible pensar que el hombre haya sido creado por un poder superior, pero perfectamente razonable que un órgano como el cerebro humano haya evolucionado desde un ser unicelular a lo largo de millones de años de mutaciones azarosas.

Aunque la modernidad quiera vendernos esta mutilación del sentido de lo trascendente como una "liberación", y estemos educando a las nuevas generaciones en el desconocimiento del sentido real de la existencia, no hay más que mirar alrededor para comprender que estamos muy lejos de la libertad y de la felicidad proclamadas: jamás antes la salud mental de los países modernos había estado tan deteriorada; la producción de ansiolíticos y antidepresivos es mayor que nunca. Ya lo advierte Tage Lindbom, al hablar de la educación secular: "a primera vista parece una carga agradable y ligera de soportar. En realidad, es un peso terrible el que se coloca sobre sus espaldas"[18].

b. Al perder el sentido de la trascendencia olvidamos también la "pobreza de espíritu", esa virtud que nos hace comprender que dependemos por completo del Principio Espiritual, que somos pequeños granos de mostaza a los que solamente la Gracia de Dios puede transformar en enormes y fecundos árboles. "Si no os convertís hasta llegar a ser como niños, no entraréis en el Reino de los cielos"[19], dice Jesús. Sin la pobreza de espíritu somos presas de las trampas del ego. La libertad, entendida en el sentido tradicional, consiste en vencer dichas trampas para abrirse a Dios; en su acepción moderna, sin embargo, significa abandonarse a ellas, dejarnos esclavizar por los deseos.

Por otra parte, el ego se empeña siempre en tener "su" verdad, una verdad propia, nacida, como un quiste, en la noche de la propia subjetividad. El ego no atiende a razones: igual que, a partir de cierto momento, negó el conocimiento suprarracional, niega el racional, que, al menos, supone aún un mínimo acuerdo. Un mundo en el que cada ser humano cree poseer la verdad, una verdad pequeña, pero rabiosa, que lo encierra cada vez en sí mismo, es un mundo condenado a la incomprensión y a la atomización.

c. La tercera de las consecuencias de la pérdida del Intelecto es la fe en que la sociedad progresa permanentemente, en que es posible un constante movimiento ascendente, y que dicho movimiento terminará por llevarnos a la perfección. Para la modernidad, no es lo superior lo que engendra lo infe-

---

[17] Martin LINGS, *La hora undécima, op. cit.*, p. 36.
[18] Tage LINDBOM, *La semilla y la cizaña, op. cit.*, p. 140.
[19] Mateo, 18:3.

rior, sino lo inferior lo que engendra lo superior, en una cadena infinita que nunca decae. Absurdo, pues "todos los procesos de desarrollo conocidos por la ciencia moderna están sometidos a fases de crecimiento y mengua, al igual que la vida humana"[20]. La evidencia es incontestable y, sin embargo, el mundo secular ha decidido creer en el progreso permanente. Tiene sentido: rechazamos la idea de que la Verdad esté en el Origen, y acabamos por buscarla en el final, en aquello por venir[21].

d. La visión de la existencia y de la historia como desarrollo sin fin, en permanente movimiento, provoca una fundamental inversión de valores. Desde el punto de vista tradicional, la acción está al servicio de la contemplación. Es esta última la que decide los objetivos y se sirve de la primera como un medio. La acción, así planteada, es rito, nos religa al Principio, y da un sentido superior a nuestro movimiento.

Por el contrario, en el mundo moderno la acción se desvincula de la contemplación y se convierte en un fin en sí misma, e incluso se glorifica, mientras se desprecia la contemplación y se la tacha de falta de compromiso[22]. De este modo, el hombre moderno se define solo por lo que hace, no por lo que es, y termina por convertirse en un ser convulso, nervioso y desorientado.

e. Cuando nos olvidamos del Absoluto y abrazamos la fe en el progreso, obsesionados por el futuro, cuando perdemos las ligaduras naturales que nos unen al Principio, buscamos inútilmente otras, artificiales y relativas, que satisfagan nuestra necesidad espiritual de unión. En palabras de Ananda K. Coomaraswamy: "Nuestra parte mortal puede vivir "solo de pan", pero es con el Mito como se alimenta nuestro Hombre Interior; si sustituimos los mitos verdaderos por los mitos propagandísticos de la raza, el desarrollo, el progreso y la misión civilizadora, el Hombre Interior muere de hambre"[23]. A los mitos que Coomaraswamy menciona podemos añadir otros, de cuya nefasta influencia vivimos rodeados, como el exacerbamiento de la ideología política, la identidad sexual o el nacionalismo.

f. Por último, hemos de mencionar que la falta de conexión con el Absoluto, con la Fuente, nos seca espiritualmente y termina por hacernos caer en la literalidad, que tiene dos vertientes fundamentales e igual de nocivas. La primera de ellas es el fundamentalismo, que considera que los textos revelados dicen exactamente lo que dicen: incapaz de religarse al Espíritu, la interpretación fundamentalista se entrega a la letra. Nada más lejos de la verdadera Tradición metafísica que la estrechez de miras por la que se despeña quien elige este

---

[20] Martin LINGS, *La hora undécima, op. cit.,* p. 35.
[21] Tage LINDBOM, *La semilla y la cizaña, op. cit.,* p. 32.
[22] Ananda K. COOMARASWAMY, *¿Acaso soy el guardián de mi hermano? Seguido de El espantajo de la civilización,* Palma de Mallorca, 2007, p. 30
[23] Ananda K COOMARASWAMY, *¿Acaso soy el guardián..., op. cit.,* p. 61.

camino. Son de sobra conocidas las terribles consecuencias que derivan de esta actitud, por lo que no es necesario que abundemos en ellas.

La segunda vertiente de la literalidad es el vacío materialista: afirma que si los textos sagrados, abordados desde la razón, no pueden entenderse como verdades al pie de la letra, es porque son burdas mentiras. La desorientación espiritual que padece la persona que escoge esta opción es absoluta. Un hombre sin conexión con el Espíritu es un hombre escindido, incompleto, y caerá mucho más fácilmente en el narcisismo o el nihilismo, dos de los principales males de estos días. Además, también terminará por perder su sentimiento de solidaridad con el resto de la humanidad y con la naturaleza, y tendrá que llenar su vacío con la agitación sin propósito y la fidelidad a identidades bastardas como la raza o la orientación política, como ya hemos mencionado.

III. La educación

Una vez definida la Tradición y trazado el retrato del hombre alejado de ella, hemos de analizar en qué sentido la educación puede rectificar la caída del hombre.

III.1. EDUCACIÓN: EL RECUERDO Y EL OLVIDO

La palabra educación tiene una etimología que la radica inmediatamente en la cosmovisión tradicional: *educere* significa en latín "conducir fuera de", es decir, sacar al hombre de sí mismo. Por lo tanto, la educación es, de alguna manera, una elevación "por encima de los límites naturales e individuales que nos impiden acceder a una dimensión que nos trasciende y nos fundamenta al mismo tiempo. (…) Idiota, etimológicamente, es alguien incapaz de superar la esfera de lo particular (*idion*), que nos encierra en nuestra ilusión de independencia"[24].

La palabra *educar* puede ser interpretada también, sin traicionar su etimología, como el proceso de exteriorización de aquello que está dentro, es decir, el Intelecto, que es innato al hombre. En este sentido decía Platón que conocer es recordar (*anamnesis*). La educación consistiría, por lo tanto, en sacar al intelecto de su estado de virtualidad[25], en "activarlo". Esta interpretación del significado de la educación tiene su traducción mítica en el pasaje de Adán dando a cada parte de la creación su nombre correspondiente, pues lo único que hace es recordar lo que Dios le había puesto con anterioridad en el corazón ("Y Allah enseñó a Adán los nombres de todas las cosas"[26]).

---

[24] Ghislain CHETAN, *La escuela a la deriva*, op. cit., p. 13.
[25] William STODDART, "The Role of Culture…, *op. cit.*, p. 22.
[26] Corán, 2:31.

Como vemos, ambos significados son perfectamente complementarios: educar, etimológicamente, no es introducir conceptos en la cabeza, sino extraer del corazón el conocimiento que Dios ha puesto en él, para, de este modo, sacar al hombre de su ensimismamiento y elevarlo sobre sus límites individuales.

Sin embargo, el secularismo moderno no admite ninguna de las dos posibilidades. Si Dios no existe y el hombre es mera materia, no puede sacar el conocimiento puesto por Él en su corazón ni trascender la limitada individualidad con la que se identifica a sí mismo. Donde la educación tradicional aspira a la realización integral del ser humano (en sus tres niveles, Espíritu, mente y cuerpo), la educación moderna solo pretende preparar al estudiante para el mundo, en su sentido más limitado y materialista, es decir, para integrarlo en la vida económica (para que encuentre un trabajo, produzca y consuma en función de los parámetros sociales vigentes). Nada que ver, como ya hemos mencionado, con las sociedades tradicionales, en las que era la economía la que se adaptaba, como el resto de las facetas de la vida humana, a la Verdad espiritual, de modo que no existía en ellas ni un resto de profanidad. En dichas sociedades, "las actividades necesarias de producción y de construcción no son simples trabajos, sino también ritos"[27].

Por lo tanto, la modernidad cambia la alianza con el Principio Trascendente por la alianza con las naciones y los mercados. Si la educación tradicional pretende acercar al hombre a lo Real, recordarle que es hijo de Dios, la moderna aspira a producir ciudadanos que sirvan al sistema; prescinde del Espíritu y está, por lo tanto, decapitada. ¿De qué nos sirve un adiestramiento superficial que nos prepare para las maneras del mundo, una vez que comprendemos que lo más importante de la existencia es nuestra relación con el Absoluto?

El conflicto entre la educación tradicional y la educación moderna es el que existe entre la cualidad y la cantidad. La educación moderna –como toda la modernidad– ignora la verdadera naturaleza del hombre y los fines últimos de su existencia.

III.2. CARACTERÍSTICAS DE LA EDUCACIÓN MODERNA

a. *Relativismo.* Como decíamos, la educación moderna ha renunciado a enseñar al alumno cómo relacionarse con su propio Centro, que es Dios. Sin unos principios metafísicos universales y perennes caemos en el relativismo, que consiste en la creencia de que el ser humano no es otra cosa que "un conjunto de elementos culturales relativos que varían de una época a otra,

---

[27] Ghislain CHETAN, *La escuela a la deriva, op. cit.*, p. 63.

de un lugar a otro"[28]. En el paso de la Edad Media al Renacimiento, la sociedad occidental cambió el polo de su interés, antes fijado en la objetividad
(Dios), a la subjetividad de su ego. Cuando desconocemos dónde se encuentra la Verdad, lo normal es simplemente aquello que ocurre con más frecuencia. Martin Lings hace un retrato preciso de la situación:

> A los estudiantes se les enseña que nuestros ancestros creían en principios
> que consideraban absolutos, pero que en nuestros días dichos principios son
> puestos en duda por la mayoría de las "personas inteligentes". Prácticamente
> nunca se llega a sugerir que algunos tipos de conocimiento son más impor-
> tantes que otros. Establecer una jerarquía sería violar la noción misma de
> igualdad y paralizar la "libertad de pensamiento". Se inculca a todos que to-
> do hombre, mujer, niño o niña tiene derecho a sus propias opiniones (…). Las
> opiniones más estrambóticas son aplaudidas por su originalidad. Se estimula
> a todo el mundo a pensar por sí mismo, pero el estilo de la enseñanza, como
> ya hemos visto, garantiza que el terreno se incline favorablemente hacia el
> agnosticismo, el progresismo y el evolucionismo[29].

b. *El ego del niño en el centro*. El problema es que una educación que ha
caído en el relativismo tiene muy difícil ayudar a los alumnos a deshacerse
de sus propios errores. De hecho, apenas cree en la posibilidad de equivo-
carse –al fin y al cabo, cada uno tiene su propia verdad–. Y eso es precisamente lo que fomenta en muchas ocasiones la escuela moderna, que se enor-
gullece de centrarse en los intereses y opiniones del niño –lo que en lenguaje
llano no significa ayudar al niño a acercarse a su Centro, sino abandonarlo a
las fuerzas centrífugas de su propio ego–. Un alumno encerrado en sus intereses, sus decisiones y sus opiniones, pierde la oportunidad de abrirse, de
superarse, de trascender la parte más baja de sí mismo; de ser, en definitiva,
el beneficiario de la educación (en el sentido etimológico que ya hemos pre-
cisado antes).

En lugar de "sacarlo de sí mismo", de enseñarle a distinguir la Verdad de
los impulsos caprichosos de su ego, aplaudimos el cultivo de su subjetividad, de sus pasiones (que es a lo que el mundo moderno se refiere con eu-
femismos como la "autorrealización" o el "derecho de ser como uno es").
Como ironiza Ghislain Chetan, "indicar una verdad a alguien e invitarle a
someterse a ella es, al parecer, manipularlo y limitar su libertad. Decirle, en
cambio, que la verdad no existe fuera de su ego y de sus deseos es, al parecer, hacerle libre"[30]. Salvando las distancias, es como si relativizáramos la

---

[28] Ghislain CHETAN, *La escuela a la deriva, op. cit.*, p. 21.
[29] Martin LINGS, *La hora undécima, op. cit.*, pp. 66-67.
[30] Ghislain CHETAN, *La escuela a la deriva, op. cit.*, p. 64.

importancia de la gravedad y animáramos a los jóvenes a que satisfagan su deseo de volar por sí mismos,[31].

De este modo, conseguimos que el ego del alumno se convierta poco a poco en una celda perfecta, en la que no existe nada cierto que sirva de referencia objetiva: tan solo la voluntad de imponer al mundo sus deseos. Desde que son pequeños los animamos a opinar sin cortapisas sobre cualquier cosa que se les ocurra, aunque lo desconozcan todo sobre ella. Les negamos así el cultivo de las virtudes de la prudencia, la humildad y la paciencia, la preciosa herramienta del examen de conciencia, la conveniencia de escuchar y atender a los demás. De este modo, muchos alumnos adoptan actitudes desproporcionadas para su edad, y la hipertrofia de su ego hace que cade vez resulte más difícil hacerles comprender que pueden estar equivocados. Esta excesiva valoración de la propia opinión del joven nos lleva al siguiente punto.

c. *El desprecio de la autoridad del maestro*. ¿Qué autoridad puede tener un profesor ante un alumno cuyo ego ha sido hipertrofiado, en un contexto pedagógico en el que "interesa que los alumnos sean capaces de generar su propia verdad"[32], en el que los adultos descienden con frecuencia a su nivel, robándoles a los niños la posibilidad de que sean ellos los que suban poco a poco hasta el nivel de los adultos, en el que la expresión en libertad de la "naturaleza" del niño se considera sagrada, como si esta tendiera por sí misma y en toda circunstancia hacia el Bien, la Verdad y la Belleza?

El objetivo de la educación tradicional era ayudar al joven a encontrar esa fuente interior de la que Rumi hablaba en su poema y, aunque el trabajo personal sea lo fundamental en el proceso, nadie desdeñaba la necesaria presencia de un maestro que lo dirigiera: la mente es indisciplinada si no se la educa, y el mundo la arrastra permanentemente a la dispersión. Sin la guía de alguien experimentado, que haya recorrido ya el camino, es prácticamente imposible llegar a ninguna parte. Por eso es fundamental el reconocimiento de una autoridad –que, por muy humana que sea, emana de la divina y la representa en la vida mundana– y el compromiso de la obediencia. La jerarquía, fundamentada en un sano principio de la igualdad, es necesaria, como Chetan explica con precisión:

> En cuanto hombre creado por Dios, el prójimo es siempre mi igual; pero desde el punto de vista de las virtudes o del conocimiento puede ser o bien mi igual, mi inferior o mi superior. Y es en el respeto de esta jerarquía natu-

---

[31] En la actualidad, no son pocos los profesores racionalistas que critican la deriva sentimental de la educación y proponen un regreso a los modos anteriores, pero no son conscientes de que dicha deriva es consecuencia directa de la desconexión moderna con el Principio Trascendente. Faltando este, es imposible que la razón no termine por dejarse también a un lado.

[32] Gregorio LURI, *La escuela no es un parque de atracciones*, Barcelona, 2022, p. 27.

ral donde se sitúa inevitable y únicamente toda transmisión y enseñanza verdadera[33].

Por el contrario, en el mundo secular la autoridad está permanentemente bajo sospecha. Resulta inevitable, cuando la ideología imperante combina dos ideas nefastas: la primera, de estirpe rosseauniana, afirma que el niño es bueno por naturaleza; la segunda, más bien darwinista, que la sociedad experimenta un progreso permanente. La consecuencia clara de ambos presupuestos es que el joven siempre está más "evolucionado" que el hombre maduro o el anciano, a quien se ridiculiza (*boomers, señoros, viejunos*). Por lo tanto, "es el alumno quien valida el interés de lo enseñado"[34], lo que supone un interesante ejemplo de inversión de los valores.

Una de las consecuencias más notables del desprecio a la autoridad y las jerarquías es la condena posmoderna al castigo. Sin embargo, etimológicamente *castigare* (en latín) significa *castus* ("ajustado con las reglas o los ritos") y *agere* ("hacer"), es decir, es una acción que pretende instruirnos para que nuestro comportamiento se ajuste a las leyes o los ritos. Un castigo justo a un niño normal, lo "ilumina y libera, proyectándolo, por decirlo así, a la conciencia inmanente de la norma"[35]. Un castigo justo es un acto de amor. Como dice Ghislain Chetan, "el alumno debería merecer su enseñanza por una actitud que le hiciera digno de ella"[36]. La humildad, la autocrítica, el respeto a profesores y compañeros, la obediencia, los buenos modales, son elementos indispensables que, cuando no se dan, deben corregirse mediante castigos proporcionados.

d. *La cantidad sobre la cualidad.* La modernidad confunde la cualidad con la cantidad, sobre todo, desde la irrupción de lo digital. Ghislain Chetan dice:

> La capacidad de reunir en un lapso de tiempo cada vez más corto, y de una manera cada vez más indiscriminada, los datos virtuales haciendo clics en unos iconos y encadenando símbolos solo puede maravillar a los que confunden las dimensiones cuantitativas y cualitativas de la educación[37].

Pero la trampa es obvia: la cantidad de información no supone mayor conocimiento. Si el objetivo de la educación debe ser acercarnos, en la medida de nuestras posibilidades, a vivir en armonía con las leyes del universo y en conexión con la Verdad (lo que llaman los indios Navajo "caminar en la belleza"), la pregunta es muy clara: ¿nos ayudan la escuela y la universidad moderna a conseguirlo, o solamente a convertirnos en consumidores de pe-

---

[33] Ghislain CHETAN, *La escuela a la deriva, op. cit.,* p. 133.

[34] Ghislain CHETAN, *La escuela a la deriva, op. cit.,* p. 81.

[35] Frithjof SCHUON, *Resumen de metafísica integral,* Palma de Mallorca, 2000, p. 88

[36] Ghislain CHETAN, *La escuela a la deriva, op. cit.,* p. 45

[37] Ghislain CHETAN, *La escuela a la deriva, op. cit.,* pp. 11-12.

riódicos y publicidad[38], entregados siempre al vértigo de las noticias –en las que apenas reparamos, dada su cantidad y la velocidad a la que son sustituidas por otras– y a la voracidad de las empresas que nos venden todo lo que no necesitamos?

Por otra parte, una educación cuantitativa rebaja también la calidad de lo enseñado. Es evidente para cualquiera que se dedique a la docencia hoy en día que la nivelación a la que aspira la educación universal ha terminado dándose por abajo. No tiene sentido acabar con el fracaso escolar haciendo prácticamente imposible que los alumnos suspendan. La defensa de la situación actual es de una tremenda hipocresía, pues deja a los pies de los caballos sobre todo a aquellos alumnos cuyas familias carecen de recursos culturales y económicos. Eso, sin entrar en los problemas que produce dentro de un aula la diferencia de nivel entre compañeros, que a veces es abismal, o la presencia de alumnos que no quieren estudiar y saben que, a pesar de su dejadez y las constantes molestias que provocan, acabarán sacando el curso adelante.

e. *La obsesión por la innovación*. Fruto también de la fe posmoderna en el progreso perpetuo de la sociedad, la reflexión educativa actual vive lastrada por el espejismo de que lo nuevo es siempre mejor que lo tradicional. Gregorio Luri nos recuerda cómo Alex Beard, uno de los gurús de la educación moderna, aseguró en una entrevista que "la tradición es la verdadera enemiga de la buena práctica."[39] Así, la innovación se convierte en un valor en sí mismo, y unos cambios suceden a los anteriores sin tiempo apenas para comprobar sus resultados: lo importante es avanzar, aunque no se sepa hacia dónde, sin pensar que, quizás, los costes de las novedades son mayores que sus beneficios y que ninguna innovación va a proporcionar a nadie la sabiduría. Lo fundamental de la educación es que nos acerque a la Verdad, el Bien y la Belleza, no que nos seduzca con el brillo de lo nuevo.

IV. CONCLUSIONES

IV.1. CONTRA EL PESIMISMO

Según los ciclos cósmicos que tantas culturas tradicionales reflejan en sus mitos, y que forman parte fundamental del conocimiento metafísico, la decadencia en la que estamos inmersos es una fase más del proceso natural de la existencia y, por lo tanto, es necesaria e inevitable. El Kali-Yuga es el Kali-Yuga, y se cumplirá hasta su detalle más pequeño. Sin embargo, y como dice René Guenón:

---

[38] Ananda K COOMARASWAMY, *¿Acaso soy el guardián...*, op. cit., p. 42.
[39] Gregorio LURI, *La escuela no es...*, op. cit., p. 29.

METAFÍSICA Y PEDAGOGÍA PARA EL KALI-YUGA
UNA REFLEXIÓN

Aunque no hubiera ninguna esperanza de desembocar en un resultado sensible antes de que el mundo moderno zozobre en alguna catástrofe, eso no sería una razón válida para no emprender una obra cuyo alcance real se extiende mucho más allá de la época actual. Aquellos que estarían tentados a ceder al desánimo deben pensar que nada de lo que se cumple en este orden puede perderse nunca, que el desorden, el error y la oscuridad no pueden arrebatarlo más que en apariencia y de una manera completamente momentánea, que todos los desequilibrios parciales y transitorios deben concurrir necesariamente al gran equilibrio total, y que nada podría prevalecer finalmente contra el poder de la verdad; su divisa debe ser la que habían adoptado antaño algunas organizaciones iniciáticas del Occidente: *Vincit Omnia Veritas*[40].

Además, y como nos recuerda Martin Lings, "la degeneración tiende a seguir un curso ondulatorio"[41], aunque sea inevitable en líneas generales, y existe la posibilidad, por lo tanto, de elevamientos temporales del nivel general. Por lo tanto, aquellos que estudian la metafísica e intentan aplicar sus enseñanzas a sus vidas, no pueden rendirse jamás al pesimismo.

IV.2. PROPUESTAS

¿Cómo podríamos mejorar la situación de la educación actual aplicando la perspectiva de la Tradición? La tarea me sobrepasa enormemente. Estoy muy lejos de ser quién para dar consejos a nadie o para hacer propuestas válidas. Sin embargo, la educación tradicional nos propone algunas directrices que pueden revertir la tendencia actual con decisión y esfuerzo, que pueden ayudar a los alumnos a rasgar parcialmente el velo de Maya, a tomar conciencia de la inmortalidad de su Espíritu, a abrirse a la Verdad, la Virtud y la Belleza. A Dios, en definitiva.

a. *Búsqueda espiritual de la Belleza*. La belleza es un arma de doble filo, pues "puede encadenar a las formas al igual que puede ser una puerta abierta hacia lo superior"[42]. Es importante acompañar al alumno en el camino que lleva de los sentidos al Espíritu, siguiendo las huellas que Dios ha dejado, tanto en la naturaleza como en el arte.

b. *Estudio del símbolo*. El símbolo es una puerta a lo Sagrado, y participa, uniéndolos, del mundo de las formas, en el que existimos, y la realidad espiritual, en la que somos. La naturaleza entera –sobre todo el ser humano– es un símbolo para quien sabe ver, aunque la mayoría hayamos perdido esta capacidad. Como bien explica Tage Lindbom:

[40] René GUÉNON, *La crisis del mundo moderno*, Madrid, 2023, p. 154.
[41] Martin LINGS, *La hora undécima, op. cit.*, pp. 62-63.
[42] Frithjof SCHUON, *Sobre los mundos antiguos, op. cit.*, p. 107.

METAFÍSICA Y PEDAGOGÍA PARA EL KALI-YUGA
UNA REFLEXIÓN

Desde que se cerró la puerta del jardín del Edén, el hombre es una criatura caída. Profundiza cada vez más en su error, en un mundo cuyos atractivos le empujan por la falsa ruta. Y percibe con creciente debilidad la voz divina interior y la que debería guiarle en la oscuridad. Es la razón por la que le resulta cada vez más difícil percibir la espiritualidad interior sin la que todo símbolo no es más que una forma vacía de sentido[43].

Es importante, por lo tanto, aprender a meditar en el símbolo porque nos ayudará a iniciar el camino de regreso al Paraíso. Por supuesto, aquí también me refiero al rito, que es el símbolo puesto en el tiempo y hecho movimiento, y cuyo efecto en el hombre es muy positivo, como Javier Alvarado argumenta: "Si la sociedad vive, hoy más que nunca, atenazada por la agitación psíquica y mental, ¿no será porque ha menospreciado o se ha visto privada de ciertos instrumentos rituales que tradicionalmente han servido para aliviar tales tensiones?".[44]

c. *Cultivo del silencio y de la soledad.* Vivimos en un mundo frenético, en el que encontrar el silencio y la soledad fértil es casi un milagro, mientras abunda, por desgracia, la soledad no deseada. Es importante que en la escuela encontremos momentos de silencio y soledad, que ayuden al niño a profundizar en su interior y a centrarse. Si no, serán siempre como insectos zapateros, moviéndose sobre el agua a toda velocidad, de estímulo en estímulo, sin penetrar y profundizar jamás en ella. Afirma Schuon, al respecto:

> Las virtudes sociales nada son sin la santa soledad y no engendran nada duradero por sí solas, pues antes de actuar es preciso ser; esta cualidad del ser es la que de modo más cruel falta a los hombres de hoy. Es el olvido de la soledad en Dios –de esta comunión terrestre con las medidas celestiales– lo que genera todas las decadencias humanas, así como todas las calamidades terrestres[45].

Solo a través del silencio y la soledad podremos reorientar a las nuevas generaciones hacia la contemplación y alejarlos de la acción compulsiva y desarraigada.

d. *La enseñanza de una religión.* Es importante poner en contacto a los niños con una tradición y una metodología espirituales. Una de las grandes mentiras que nos ha hecho creer la modernidad es que lo espiritual es una especie de mecano en el que uno hace la figura que más le convenga o le gusta con piezas de diferentes formas y colores. Los movimientos que forman parte de la llamada *New Age* son buena prueba de los resultados de tal

---

[43] Tage LINDBOM, *La semilla y la cizaña, op. cit.,* 1980, p. 47.
[44] Javier ALVARADO PLANAS, *René Guénon..., op. cit.,* p. 59.
[45] Frithjof SCHUON, *Sobre los mundos antiguos, op. cit.,* p. 24.

visión. Como dice Tage Lindbom, "Esa tendencia a llevar únicamente una vida interior es engañoso porque un interior privado del apoyo de un orden formal se deja penetrar por influencias psíquicas que le conducen al sentimentalismo y al capricho"[46].

e. *La práctica de la cortesía*. La cortesía es parte fundamental del sendero espiritual. Se fundamenta en la idea de que el prójimo participa, al igual que nosotros, es hijo de Dios, y que nuestro deber es dirigirnos a él centrados en su más alta realidad, y no en la más baja[47].

f. *La pertenencia a una comunidad*. En el mismo espíritu, es también importante fomentar los vínculos comunitarios, cuya disolución es una de las características más evidentes del Kali Yuga. Espiritual, psicológica y biológicamente, el ser humano necesita de los demás. El fomento de los valores comunitarios debe comenzar por los familiares, y no debe abarcar solamente a los contemporáneos, sino a los antepasados y a los que están por llegar.

g. *El entendimiento correcto de la vocación*. Unido al punto anterior llegamos a uno de los permanentes conflictos de la etapa escolar y universitaria. La vocación no debe ser comprendida como aquello que ilusiona y fascina al ego, sino como la respuesta a la llamada de la propia naturaleza profunda y como intención de servicio a la comunidad.

h. *Hacer de la escuela un espacio de resistencia*. De resistencia a muchos hechos. En primer lugar, a igualar por lo bajo. También al relativismo, siendo fieles a la Verdad y al cultivo de las virtudes que se deducen de ella. Como afirma David Hicks, el buen maestro ha de ser dogmático, "porque está comprometido con ideas valiosas"[48]. También tenemos que resistirnos al "futurismo", es decir, a la obsesión que existe hoy en día por educar a los jóvenes para una sociedad "que está por venir" y en la que la mayoría de los trabajos que se desempeñarán "no existen hoy en día". Como ya mencionamos, estas proyecciones utopistas pertenecen sobre todo a la fe en un imposible progreso indefinido, provocada por el trasplante del darwinismo al ámbito de lo social. Si no nos resistimos a ideas semejantes, terminaremos por adaptar la escuela a las nuevas formas de producción y consumo, cada vez más alejadas de la virtud, convirtiéndola "en una agencia de colocación para trabajos desconocidos del futuro"[49]. Hemos de plantearnos, en definitiva, si queremos educar a los alumnos para que alimenten el mundo moderno o para que lo venzan y lo corrijan.

En resumen, y como dice M. Ali Lakhani:

---

[46] Tage LINDBOM, *La semilla y la cizaña, op. cit.*, 1980, p. 50.
[47] Ghislain CHETAN, *La escuela a la deriva, op. cit.*, p. 55.
[48] Gregorio LURI, *La escuela no es..., op. cit.*, p. 129.
[49] Gregorio LURI, *La escuela no es..., op. cit.*, p. 58.

METAFÍSICA Y PEDAGOGÍA PARA EL KALI-YUGA
UNA REFLEXIÓN

Mientras la educación convencional nos proporciona la comprensión, el entrenamiento y las técnicas necesarias para operar el ego y el mundo en un sentido mecanicista y utilitarista, la educación tradicional tiene como objetivo iniciarnos en los misterios de la vida mediante la imaginación divina, el conocimiento simbólico y las disciplinas espirituales que conseguirán, por la Gracia divina, despertarnos a las profundidades y alturas de nuestros sentidos trascendentales. Así, podremos expandir nuestra conciencia de las cosas, discerniendo con "los ojos de nuestros ojos" y "los oídos de nuestros oídos.[50]

Cultivar las raíces -es decir, ayudar a los alumnos a conectar de nuevo el Absoluto-, es la única manera de ayudarlos a vivir una vida plena en todas sus facetas -la vocación profesional, la relación con los demás y con el resto de la creación, el desarrollo de sus cualidades, la comprensión del propósito de su existencia-.

En mi opinión, solo desde la *Religio Perennis* puede satisfacerse esta imperiosa necesidad. ⚜

---

[50] M. Ali LAKHANI, "Education in the Light of Tradition...", *op. cit.*, pp. 31-32. Traducción de Miguel Salas.

Miguel Salas Díaz

CRECER EN EL ASOMBRO

La emoción olvidada

Plataforma
Editorial

Una guía para que niños y adultos
redescubran la belleza en lo cotidiano
y despierten a una vida más plena

Josué Bonnín de Góngora, compositor y pianista.

Maestro Escocés de San Andrés (Rito Escocés Rectificado) de la Logia Caballeros De La Rosa n.º 1 de Madrid.

Presidente del Triángulo Masónico EJAD 27 al Oriente de Benalmádena.

Doctor Honoris Causa por la Academia Latinoamericana de Literatura Moderna.

MÚSICA Y EDUCACIÓN

Josué Bonnín de Góngora

«El que ama la disciplina ama al conocimiento,
pero el que la aborrece es un necio».

Proverbios 12:1

l tema de la educación es sumamente complejo al de-
pender de muchas variables. Desde un punto de vista
casi de la física teórica, se podría decir sin atisbo de
duda que el problema de la educación forma parte de
la *complexity*, debido, como se ha dicho a la gran cantidad de variables que intervienen en ella. A saber, estas variables son el educador y su circunstancia, el recipiendario o educando y su circunstancia; la dinámica
psico-social del entorno, las vías de transmisión de la
sabiduría para que el educando pueda ser recipiendario de las enseñanzas del educador de forma clara y
distinta -sin adoctrinamientos- educar, no es adoctri-
nar; sino dar recursos y estimular el Espíritu y la mente del educando para que sepa distinguir -casi con método científico entre el Bien y el Mal.

Debe existir una conexión profunda, un hilo conductor del educador a su educando casi de por vida: la desconexión de los educadores con sus recipiendarios traen fatales consecuencias para la sociedad; siempre y cuando los educadores estén debidamente formados a tal y crucial propósito y es aquí cuando hay que hacer unas importantes consideraciones que van más allá de la pura concepción semántica: maestro y profesor; formación y educación; capacitación y educación; urbanidad y educación, enseñanza y educación; autoridad y educación.

Cuando en una sociedad no existen Maestros-guía mediante el ejemplo o la acción de sus palabras, sólo puede ocurrir el caos, una Torre de *Phaleg*. Evidentemente, no se habla aquí de los guías políticos, pues éstos en su inmensa mayoría están guiados por la enfermedad de la psicopatía, pues no han sabido digerir de cara a sí mismos sus complejos existenciales: no han tenido buenos Maestros. Y tampoco se han enfrentado a ser Maestros de sí mismos pues están afectados de soberbia y vanidad. Cohabitan en ellos estas intromisiones del mal Espíritu, pues padecen en grado sumo -la mayoría- tal afectación de soberbia que ni siquiera admiten ser enseñados por ellos mismos y, sin embargo, se muestran como guías de los pueblos, lo que cual es sumamente sobresaliente: no de sí mismos, sí para los demás. Se auto adjudican autoridad sin ser autorizados excepto por ellos mismos.

Las consecuencias, todos las sabemos y padecemos.

Es necesario apuntar que el buen y perfecto uso del lenguaje es de vital importancia para transmitir de forma y fondo óptimos la sabiduría que creará buenos seres humanos y no sólo hombres[1].

Si observamos atentamente, la educación aparece como factor común con formación, enseñanza, capacitación y urbanidad ya que es la educación algo poliédrico que abarca muchos factores para la correcta distinción entre el Bien y el mal; fin último de la educación.

---

[1] Como en otros de mis escritos, no hago uso del mal llamado "lenguaje inclusivo" y explicaré las razones:

1. En uso de mi libertad de expresión, escribo según mi conocimiento y voluntad y ésta no excluye a nadie. El que se sienta excluido es porque no quiere sentirse incluido.

2. Si hubiera de escribir en función de cualquier arbitrariedad social, sería imposible la comunicación textual, lo que voy a demostrar a continuación: si existen "n" hechos diferenciales y cada uno reclama para sí una forma de expresión para no sentirse excluido, tendríamos que para escribir una frase con un significado unívoco y preciso, habríamos de escribir de esas "n" formas diferentes esa sola frase; lo que haría imposible, a todas luces, la escritura no sólo de una novela, sino de cualquier mínimo texto. Podría casi haber tantos hechos diferenciales como humanos, imagínense Uds. señores lectores, la imposibilidad de escribir algo tan sencillo como "El hombre es bueno. Los hombres, malos".

3. Desde el punto de vista personal, no sólo me parece un atropello contra el buen uso del lenguaje, sino una profunda imbecilidad.

Siguiendo el concepto de Heidegger -crucial- de que el "Lenguaje es la casa del ser", empezaremos delimitando la etimología de la misma palabra "educación".

Etimología de educación

La palabra educación proviene del latín "educatio" que significa crianza y de "educere" que significa "sacar afuera" o "hacer surgir"; de hecho, la raíz "educare" está íntimamente ligada con "criar, alimentar". Por otra parte "educere" está relacionado con "extraer la luz", lo que está en el interior.

De la propia etimología de la palabra se deducen los polos que la educación exige y en la forma en que se comprometen educador y educando. Obsérvese como es de crucial importancia "extraer la luz" como fin último de la educación, es decir, el Bien; pero para esto es indispensable enseñanza, formación, aprendizaje y voluntad para ejercerlo de forma libre y responsable.

Se observa también que debe existir en esta polaridad una autoridad por parte del educador, mas no debe ser esta una autoridad dogmática; pues al tiempo de la "instrucción" y por infusión no verbal puede estar el educando sometido a presiones que no contribuyan en absoluto a la construcción de su ser de forma correcta: debe ser la educación suave y fluida, enseñando "a auto educarse" de forma discreta y con buenas directrices. Hay, como se ve, cierto paralelismo con las Logias en la Orden, donde la Luz es compartida uniformemente desde el Oriente. Pero obsérvese que aun siendo una sociedad gradual no es jerárquica en el sentido autoritario del término. Esta estructura sería ideal como bien extrapolable a los sistemas educativos pues ofrece la ventaja de la autoridad moral del educador sobre el educando, así como una suave disposición de ánimo para la instrucción.

Con todas esas consideraciones una definición aproximada de "educar" es la de predisponer al individuo para el Bien.

En este punto, otra distinción básica es la de Maestro y profesor.

Distinción entre profesor y Maestro

Para dirimir lo que nos ocupa, volvemos a la propia etimología de las palabras. La primera proviene del latín "profiteri" que está formada por el prefijo "pro" (delante) y el verbo "fateri" que significa confesar. Por lo tanto, un profesor es alguien que "confiesa públicamente", cuya derivación semántica ha evolucionado hasta "enseña públicamente". Y he aquí uno de los términos que conformaba el binomio enseñanza-educación.

La segunda proviene también del latín, de "magister" que se puede traducir por "el que guía" debido a un superior conocimiento y autoridad.

Se observa otro de los binomios importantes: autoridad-educación. La diferencia, pues, entre profesor y Maestro queda delatada: el primero sólo muestra o declara sus conocimientos, mas sin ninguna responsabilidad moral o ética sobre el educando, *no tiene por qué ser un guía* para el educando; en el segundo, el Maestro no sólo tiene el deber de mostrar conocimientos, sino también de servir como guía al educando bajo el perfil de la autoridad.

Es esta un punto clave de la educación: sin autoridad puede haber profesores, pero no maestros. Y sin la más mínima autoridad ni siquiera profesores aceptables: fallaría el segundo polo de la educación, a saber, los educandos; pues si estos no reconocen ninguna autoridad a sus educadores sólo tenderán a formarse a sí mismos, con la subsiguiente deformaciónególatra que ello conlleva: ser autoridad sólo de uno mismo es el camino para los autoritarismos y la disgregación solidaria de la sociedad. Ser autoridad de uno mismo equivale, más o menos topológicamente, a auto declararse elemento maximal. Es evidente que, si en una sociedad todos somos elementos maximales, o sea, que, según una ordenación, sería una sociedad uniforme donde NO SE TENDERÍA a una supuesta igualdad, sino, más bien a un falso igualitarismo. En virtud de este igualitarismo se llega mediante filtración suave a dos conclusiones:

1. La falta de Criterio[2].
2. La aparición de elementos máximos mediante la corrupción.

Como quiera que la sociedad "exige" una ordenación total o parcial de sus miembros, es precisamente, en el trance de conseguir esa aparente igualdad donde aparecen los monstruos del Espíritu y la razón, siendo más terribles los primeros, porque al Espíritu le sigue la emoción y es ésta la que mueve el mundo.

Obsérvese que una sociedad así ordenada crea división de equivalencia, lo que indefectiblemente unido a los procesos de dinámica social y de conciencia desembocará en el enfrentamiento entre las partes[3]. Por tanto, una sociedad educada debe ser colaborativa y sinérgica, tal y como con total autoridad se dice en 1 Tesalonicenses 5:11: "Así, pues, consolaos mutuamente y **edificaos unos a otros**, como ya lo hacéis".

He ahí la clave: "edificaos unos a otros". Uno de los pilares pues, del buen educar y de la buena educación es, por tanto, conocer al prójimo y reconocerlo en nosotros mismos. Se necesitan según el argumentario hasta aquí ex-

---

[2] La falta de Criterio en casi todos los órdenes del conocimiento es la principal causa de este igualitarismo tan patético como dramático que vivimos. A este respecto puede resultar muy útil al lector la lectura del libro "El Criterio" de nuestro gran Jaime Balmes.

[3] La causa de la profunda división política en general y más concretamente en España es, sencillamente, que nuestros políticos no tienen educación -en el sentido profundo del término- o tienen un nivel ínfimo de la misma.

puesto, Maestros y no tanto profesores. Y escribo Maestros con mayúscula pues han de servir al educando para que, en el aprendizaje eterno de la vida, puedan ejercer con criterio de guía de sí mismos y de los demás. El alumno, convertido así en discípulo sabrá SER y no será un barco a la deriva con las velas desgarradas merced a cualquier atmósfera arbitraria del devenir social. Él mismo sabrá cómo y cuándo deberá arriar o plegar velas y dirigir su timón a sus propias esperanzas y horizontes. Ésta y no otra es la misión del Maestro y esto exige compromiso, fuerza, voluntad y lealtad.

Construido así el educando, no estará a merced de sus fuerzas intrusivas de forma arbitraria y caprichosa -de ahí la crucial misión de poner límites- y podrá ser -siguiendo el afortunadísimo paralelismo de Teresa de Jesús- un nacimiento de agua clara que desemboca en aguas claras.

La importancia del lenguaje

Sabido es que muchos hablamos el mismo idioma, pero, en muchas ocasiones, distinto lenguaje. Se decía más arriba, siguiendo a Heidegger que "el lenguaje es la casa del ser" lo que quiere decir que es en el lenguaje donde el ser se hace presente, que, mediante él, el ser comprende y se relaciona con el mundo. Podrá observarse, hecho trivial, que es un factor fundamental de la educación, mediante la cual debe construirse una sociedad espiritual y materialmente sostenible. Si avanzamos un paso más, diríase que el lenguaje no es sólo la "casa del ser" sino la patria del ser. Existe un lenguaje universalmente aceptado y hablado en esa patria común: la Música. De esta y de su influencia crucial que debería posarse sobre la sociedad, hablaremos luego.

Nos quedamos ahora en el plano de lo tangible no por infusión sino por parte activa de nuestro ser: el lenguaje oral y escrito como forma de educación.

En este punto me gustaría recordar el artículo sexto de la Regla Masónica (Otros deberes morales con los hombres):

> Sírvete del **don sublime de la palabra**, signo exterior de tu dominio sobre la naturaleza, para salir del paso de las necesidades del prójimo y para encender en todos los corazones el fuego sagrado de la virtud...

Este fragmento de la Regla Masónica se podría calificar de síntesis de lo que debe ser una buena educación: del don sublime de la palabra nace la Autoridad del Hashem sobre Moshé y desde nacen las tres grandes religiones monoteístas: tal es el poder de la palabra. Del don sublime de la palabra nace el signo exterior del dominio sobre la naturaleza; mas entiéndase bien esto: es sobre la *propia* naturaleza, en una especie de autolisis espiritual que nos permita crecer para entender las necesidades del prójimo y encender esa llama que *nunca se consume*[4], que no es otra que el amor al prójimo, Columna de la verdadera educación.

Declarada la importancia del lenguaje como *medio de transmisión y no sólo de comunicación* veremos qué papel podría hacer la Música como medio extraordinario para la educación. De forma recurrente y a través de los siglos, cada generación precedente critica a la generación subsiguiente en las formas, en el fondo...no vamos a entrar en este punto, pero sí alertar de que es absolutamente cierto que está habiendo una simplificación expresiva del lenguaje hasta casi llegar al lenguaje en "emoticonos": esa estupidez sintética que no reflejan nada más que emociones primarias dejando a un lado la complejidad -que aún se le supone- de sentimientos y emociones que habita en el ser humano. Como se quiera que el lenguaje es "la patria del Ser"; la excesiva simplificación y simplificación del lenguaje sólo puede desembocar en seres simples al servicio de la estupidez. De ahí la degradación: ¿se imagina usted, querido lector, el Fausto de Goethe o el libro de los libros -D. Quijote de la Mancha- escrito en emoticonos? Y lo más importante, ¿Cómo serían las generaciones -suponiendo que esto se pudiera hacer- que recibieran las grandes obras de esta manera? Es muy posible que acabaran en el más absoluto de los desentendimientos o en la más absoluta planeidad mental. La degradación del lenguaje conduce a la degradación de la idea en una especie de dramática retroalimentación que desembocaría, indefectiblemente, en la *Torre de Phaleg*[5]. Un mundo imposible.

Desde mi punto de vista deberían ser obligatorias algunas lenguas en las aulas actuales, como el latín[6] o el Hebreo Bíblico[7].

Obsérvese cómo una falsedad repetida nunca llega a ser verdad, sino más bien una falsedad cristalizada con aires de verosimilitud, que es muy distinto a la verdad, como la tan consabida frase "una imagen vale más que mil palabras" ... ¿desde cuándo? Es este un punto importante para el proceso de educación actual y muy especialmente en relación con la Música.

---

[4] Es bella la imagen metafórica de la zarza ardiente: La Torá establece una comparación entre el hombre y el árbol. Los sabios son árboles frutales, las personas sencillas, por el contrario, son como zarzas carentes de fruto. Justamente, fue en una zarza así en la que ardía el fuego sin que la zarza se consumiera. Las personas sencillas que se desarrollan de una forma pura y simple en el Supremo, sin filtros ni rocas lógicas ni racionales; son las que gozan del fuego Sagrado, interior y perpetuo. Inextinguible.

[5] De gran importancia simbólica. Implica la división, el no entendimiento. Interesante leer "Antigüedades de los judíos" de Flavio Josefo. Aunque una importante referencia puede verse en autores posteriores como Ussher en "Annals of the World".

[6] Para conocer la etimología de las palabras. La inercia de la Historia en su devenir léxico, semántico y morfológico.

[7] Este último con el fin de estudiar los textos Sagrados en su lengua original. Es complejo, sí; así formarán a los educandos, porque, además la lengua Hebrea en su dimensión Bíblica es profundamente simbólica y tiene "relieve", se lee en tres dimensiones (al menos).

Debido a la salvaje intromisión del "pantallismo desislustrado" la aseveración anterior puede cobrar más fuerza. Pero es radicalmente falsa. Sólo tiene cierto grado de veracidad en las descripciones, pero el lenguaje es, afortunadamente, mucho más que eso, y lo vamos a ver con un ejemplo sumamente ilustrativo de la crucial importancia de la forma de transmisión para ejercitar las fuerzas intrusivas del educando de forma que cree sus propios pensamientos, reflexiones, sentimientos y hasta melancolías.

Supongamos que yo muestro un cuadro de la primavera en todo su esplendor, sin duda esta visión despertará de forma directa un encuentro directo con la estación de forma unívoca y determinada, la visión de la primavera que el autor del cuadro nos quiere dar, así si le gustan más las margaritas que las rosas aquellas serán más abundantes, queriendo, quizá reflejar el descuento de un desamor; si pinta una primavera más nublada que clara, quizá nos quiere decir que es preso de un desamor, en fin, querrá comunicar *su* primavera. Una para todos nosotros. Supongamos ahora que recuerdo y recito los sublimes versos de D. Luis de Góngora: "Era del año la estación florida…".[8]

En estas seis palabras hay escondidas tantas primaveras como lectores. Cada uno se ha mostrado a sí mismo *su propia primavera. Cada uno* ha imaginado su campo, sus flores, su cielo… ¡una infinitud de primaveras en seis palabras! Tal debería ser la infusión de la educación. Otro ejemplo, por demás estremecedor: pinte usted un desamor y, a continuación, recite (Soledad Primera):

> Digna la juzga esposa
> de un héroe, si no augusto, esclarecido,
> el joven, al instante arrebatado
> a la que, **naufragante y desterrado**
> **le condenó a su olvido.**

Y ahora…píntese esta infinitud. Aunque sería justo decir que la *gran poesía tiene imagen*; sí: la que cada uno traza en las hechuras de su alma.

Así, llegamos al hecho conocido de que el Judaísmo es iconoclasta. La razón es obvia: cualquier representación de Di.s[9] es personal y puede pintarse o esculpirse el rostro de este como el del vecino de abajo, un hijo, o el futbolista de moda, lo que, obviamente sería ridiculizar la "imagen" de Di.s. Sin embargo, si no existen esas representaciones, cada uno verá a Di.s dentro de sí y lo descubrirá dentro de él (como en el ejemplo de las primaveras gongorinas) y de esta forma descubrirá, al tiempo, el Di.s en sus semejantes, Columna del Bien y fundamento de toda sociedad educada. Por tanto, después

---

[8] Góngora, Soledad Primera.
[9] Por profundas convicciones Teológicas y personales, el que aquí escribe representa así al Nombre.

de esta disquisición bien se podría argüir que es sustancial y estructuralmente mejor educar en los libros que en las pantallas, si bien éstas pueden servir de complemento.

La educación requiere autoridad

Desde la óptica de la necesidad de Maestros en lugar de profesores como educadores, el educando ha de reconocerle autoridad al educador; mas no sólo en la disciplina a enseñar, sino debe serlo también como guía y esto solo es posible si el educador es también una autoridad desde la ética y la moral. De esta forma, es seguro que el recipiendario esté predispuesto a albergar las enseñanzas del Maestro. Pero, sin autoridad no es posible: no es posible la enseñanza desde la igualdad de planos, pues es como si una colina quisiera enseñar al Everest lo que es montaña.

Éste y no otro es el principio de la soberbia: el no reconocimiento de la autoridad. Hasta tal punto ha llegado a nuestros días que, desmintiendo a Plotino, ha declarado el Hombre -en su generalidad- que su alma le pertenece; constituyendo esto una negación del infinito lo que, desemboca ineludiblemente en que cada individuo *se crea él el ser Infinito y sólo él.* Las consecuencias de la negación del infinito, todos las vemos en una sociedad altamente positivista y nihilista; pues quien es lo segundo en el plano vital también lo es en los planos ético y moral con la subsiguiente depreciación de la vida humana. Éste y no otro es el punto fundamental de las sociedades sin ningún tipo de religión, entendida ésta desde su profundo significado antropológico y etimológico[10].

La pregunta es: ¿puede existir un humanismo ateo? Desde el punto de vista del que aquí escribe, radicalmente no. No obstante, existe una lectura más autorizada que este servidor que profundiza sobre este tema en el magnífico libro "el drama del humanismo ateo" de Henri de Lubac. De importancia capital dentro de la Orden tiene el artículo primero de las Constituciones de Anderson:

> ...que el Masón está obligado, por su compromiso a obedecer la ley moral, y si comprende bien el Arte, no será jamás un **estúpido ateo ni un irreligioso libertino.**

Evidentemente, esa guía que une a todos lo Hermanos es, precisamente que ninguno queda fuera de una Fe en un Infinito. Obsérvese, asimismo, la fuerza de las palabras "irreligioso libertino", son éstas una declaración de

---

[10] No debe confundirse religión con cuerpo doctrinal. Así como con cualquier estructura exclusivamente dogmática. Religión proviene de "re-ligare" es decir, la forma íntima y personal con que cada uno reconoce el Infinito.

límites y dónde están: cuando se ultraja el amor al prójimo se falta a la educación con palabras mayúsculas.

Una vez concedida cierta autoridad ética y moral por parte del educando, estará en condiciones éste de recibir las enseñanzas pertinentes en cualquier campo sin perder una visión general y contextualizada de lo enseñado en relación con todas las demás disciplinas; es decir, que aun habiendo especialización debe estar esta acompañada de una cosmovisión general: corresponde al Maestro tal misión del intelecto. Al igual que el Maestro ha de tener esta responsabilidad, la del discípulo es mostrar al mundo (educación) lo aprendido, ya que de otra forma se caería en lo que, en un magnífico símil se dice en Santiago 1, 22-25:

> Ponedla en práctica (la Palabra) y no os contentéis sólo con oírla, que os engañaría; pues quien se contente sólo con oír la palabra, sin practicarla, será semejante al varón que contempla en un espejo su rostro natural, y apenas se contempla, se va y al instante se olvida de cómo era; mientras que quien atentamente considera la ley perfecta, la de la libertad, ajustándose a ella, no como oyente olvidadizo, sino como cumplidor, éste será bienaventurado en sus obras.

Así, debe actuar el discípulo, acorde a todo lo que su cara interna pueda y deba mostrar al exterior: saber qué puede y qué debe hacer y saber administrar sus silencios. Prosiguiendo esta línea, encontramos en el Ritual de Aprendiz de la Orden:

> …id pues en paz a gozar del reposo que con vuestro trabajo habéis merecido, y llevad entre los otros hombres las virtudes de las cuales habéis jurado dar ejemplo.

Aspecto para el cual se ha creado esta Escuela de Virtud y Sabiduría, así; la educación. Ha de ser mostrada y llevada a los otros hombres, pero no de forma impositiva, sino seductora.

La educación y el ritual

El ritual da forma a la vida humana. Y es pieza clave para la educación, pues dentro de ella habita la disciplina. Pero no sólo una disciplina exterior, sino interior, la que debemos marcarnos nosotros mismos.

Vemos a lo largo de nuestra vida cientos de rituales, desde una Misa hasta los prolegómenos de un partido de fútbol… ¿por qué? Porque da forma a lo que subtiende. La enseñanza sin ritual deteriora la propia enseñanza y a las relaciones interpersonales de Maestro-discípulo, al no delimitar claramente las distancias entre uno u otro y constituye este un acercamiento fatal para el buen devenir del propósito de enseñar, guiar, educar.

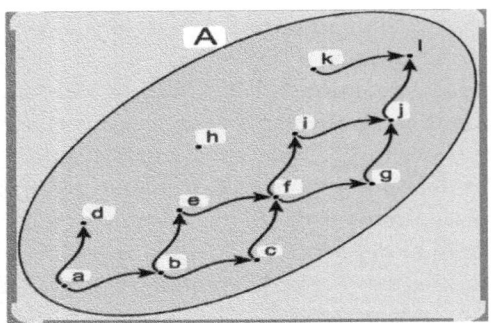

Esquema de una sociedad parcialmente ordenada, parcialmente educada. Los elementos d, e i, k tenderán a ser líderes. Los elementos c y g serán marginales. H será un disidente.

El binomio formación-educación

Sin formación no es posible la educación. Básicamente es este el fundamento de la soberbia y de la muestra de arrogancia de los que alardean de poca formación ante las que sí la tienen, como ejemplo, ocurre con extrema frecuencia en la Música. Baste un ejemplo: independientemente de gustos personales; habrá quien le guste más cualquier cancioncilla al uso que, por ejemplo la sinfonía "Resurrección" de Mahler, usando el gusto personal como arma arrojadiza para intentar demostrar lo indemostrable, a saber, que las cancioncilla al uso no está mejor construida técnica ni formalmente que la "Resurrección" y dejando aparte consideraciones de tipo espiritual: el recipiendario de la cancioncilla "no puede llegar" a lo otro por **falta de formación**. Y esto ocurre especialmente em España donde la proliferación de "niños-chicharra" que creen cantar y se sienten reconfortados y aún reforzados por los cientos que comparten el pésimo gusto. Porque, querido lector, sobre gustos se ha escrito y mucho. La soberbia consiste en, sin tener formación equipararse al que sí la tiene por el sólo hecho del gusto personal: como si este hiciera escuela.

Pero la falta de formación abunda en un asunto más profundo: El Bien y el Mal. Quien no tiene formación sólo tendrá un concepto muy básico, elemental, de ambos. Así, es fácil decir que alguien es bueno porque no conoce el mal. Nadie puede ser bueno de verdad si no distingue entre los mismos y no puede actuar por elección de su libre voluntad sobre uno u otro, con el subsiguiente sacrificio incluso de parte de su ser. El ejemplo más paradigmático ya lo tuvimos en el año I de la verdadera Luz[11].

No obstante, si la poca formación va acompañada de las virtudes de la modestia, la humildad y el propio auto reconocimiento, será ésta más educada que la formada sin esas virtudes; por formar las virtudes parte de los planos superiores de la existencia.

El binomio capacitación-educación

Es este uno de los más importantes por la falsa dinámica social en la que habitamos. El tejido espiritual es conectivo, el matérico no lo es. La destrucción del tejido espiritual ha subtendido un arco de falsos compromisos matéricos dominados exclusivamente por el interés y el egoísmo; cuya consecuencia lógica es la soledad, dándose así diferentes dramas personales.

Este interés por el desarrollo del "ego" para la competitividad es lo que se llama capacitación, esto es, la capacidad para desarrollar una actividad entrando en competencia con el prójimo. Nada más lejos de la educación, más, no obstante, se confunden más a menudo de lo que sería deseable. Capacitación y educación son dos esferas, en realidad, prácticamente disjuntas.

El binomio urbanidad-educación

Es este otro binomio cuyos términos dan a confusión. Retrotraemos a un fragmento de D. Quijote de la Mancha (Capítulo X, I Parte):

-Anda, hijo, replicó D. Quijote, y no te turbes cuando te vieres ante la luz del sol de hermosura que vas a buscar [...] como te recibe, si muda los colores el tiempo que estuvieses dando mi embajada, si se desasosiega o turba oyendo mi nombre, si no cabe en la almohada, si acaso la hallas sentada en el estrado rico de su autoridad, y si está en pie, mírala si se pone ahora sobre el uno, ahora sobre el otro pie, si te repite la respuesta que te diere dos o tres veces, si la muda de blanda en áspera, de aceda en amorosa; si levanta la mano al cabello para componerle aunque no esté desordenado; finalmente, hijo, mira todas sus acciones y movimientos, porque si tú me lo relatares como ellos fueron, sacaré yo lo que **ella tiene escondido en lo secreto de su corazón** acerca de lo que al fecho de mis amores toca; que has de saber, si no lo sabes, que entre los amantes **las acciones y movimientos exteriores que muestran cuando de sus amores se trata, son certísimos correos que traen las nuevas de lo que allá en lo interior del alma pasa.**

---

[11] En el Rito Escocés Rectificado no se suman 4000 años como en el resto de los Ritos Masónicos. De esta forma, el Año De La Verdadera Luz en el RER es el I, en el resto sería el 4001 D∴L∴V∴L∴

Extrapolando la maravilla del texto al contexto que nos ocupa, se observa que la forma externa en que se manifiestan alma y corazón da buena idea de lo que ocurre en lo interior: así, la forma externa. Aunque, evidentemente pueden darse toda una casuística, lo normal es que un interior educado según los parámetros en los que hablamos, al habitar en él el amor al prójimo, lo más esperable sean formas suaves y delicadas con respeto al corazón al que nos dirigimos. Mas, no obstante, existe una forma de educación que puede ser engañosa de lo interno por su forma externa: la urbanidad. Siendo esta necesaria para la fluidez de las relaciones humanas; puede esconder tras sí almas y corazones realmente despreciables; así, nadie duda del "refinamiento externo" de la cúpula nazi, pero a casi ninguno de nosotros se le ocurriría decir que eran educados semejantes bestias.

Puede darse la situación contraria que, no teniendo una gran urbanidad o cáscara externa, se tenga una educación ética y moral exquisita, en actitud de sacrificio y entrega al prójimo en forma de obras musicales, literarias o cualquier otra índole. Así, el caso de Ludwig van Beethoven, cuyos modos eran conocidos, pero... ¿se puede no ser puro de corazón para con los hombres y dejar las Sexta y Novena sinfonías?

Existen casos donde desde la Perpendicular Celeste confluyen ambas, como el caso de Johann Sebastian Bach, pero éste no estaba en permanente lucha con el silencio -o el ruido, según se mire- como en el caso anterior.

El binomio enseñanza-educación

Ya se ha dicho cuál debe ser la atmósfera de la enseñanza para una formación integral del educando, a saber, que el Maestro enseñe de tal forma que el educando pueda en su futuro reeducarse y redimensionarse a sí mismo ante los problemas de la vida y las relaciones interpersonales.

El binomio autoridad-educación

Como se ha dicho, es necesaria una autoridad -que lo sea- para la creación más determinante: que el educando acabe siendo *autor de sí mismo*. Parafraseando a nuestro gran Ramón y Cajal: "todo hombre si se lo propone puede ser escultor de su propio cerebro". Humildemente pienso que "todo hombre si se lo propone puede ser escultor de su propio Espíritu".

Pues bien, una de las mejores herramientas para tal fin es la Música, delimitando muy claramente este concepto.

La Música como escultora del Espíritu

Obsérvese que se ha escrito Música con mayúsculas a fin de que no se confunda con la "música" de entretenimiento o industrial, donde cancioncillas sin ningún valor Musical aderezada con unas buenas curvas, buena dosis de alcohol o drogas y un espectáculo sonoro-luminoso al borde del "epileptismo paroxístico" puede servir para pasar el rato o como ritual de apareamiento.

Se habla de la Música que no necesita nada de eso. La Música pura, la que eleva el Espíritu a regiones inhóspitas para el oyente, que sea alquímica para su alma y corazón. Personalmente no tengo ningún interés en la "música" industrial ni su puesta en escena.

Se suelen cuidar muy mucho las comidas que se hacen con objeto de no tener un cuerpo malsano, se usan todo tipo de maquillajes para cubrir lo roído por el tiempo…pero no se cuida apenas la "comida" del Espíritu, consumiendo todo tipo de basura que van denigrando y erosionando el alma y, lo que es peor, no deja espacio para la Elevación. Las consecuencias las vemos todos. En este punto, se podría argüir que "a mí me elevan más esas basuras musicales que la Misa Solemnis de Beethoven o la Misa en si menor de Bach". Perfecto, hay un claro problema de **formación y, por tanto, de educación.** Otra cosa es lo que sea "más sano" para el Espíritu.

Y así, de forma brutalmente dramática por indigencia espiritual e intelectiva llegamos a que la industria y la publicidad -en acción sinérgica- usan grandes Músicas para anunciar imbecilidades…pobres desventurados que son cómplices del asesinato de la Memoria Espiritual de la Humanidad. De esta forma, se acabará haciendo un pintarrajo en la Capilla Sixtina y algunos paralíticos mentales dirán que aun así es arte. Lo dicho: falta de formación.

La Música

En la gran Música, en conjunto, tanto aprenderla como escucharla confluyen todas las actividades intelectivas y espirituales: tocar una Fuga de Bach implica elevación, inteligencia, voluntad de estudio y bonhomía de ánimo al ejecutarla, pues es su objetivo sublimar el alma de los oyentes, a través del alma, corazón y manos del intérprete: ¡no digamos para componerla![12]

Se podría decir que no todos pueden llegar a interpretar. Cierto. Pero…¡¡¡qué menos que exigir a los Maestros que enseñen a distinguir y a amar la gran Música y Literatura!!! Ocurre más bien lo contrario en estos tiempos por causa de la planeidad y del igualitarismo. Cualquier cosa es meritoria y digna de las más grandes loas, aunque sean auténticas estupideces de la mente o alma de sus "creadores".

En este plano es donde se manifiesta la soberbia de los industriales en forma de la masa que aplaude, cuando la masa como masa jamás conduce a

---

[12] Se recomiendan las versiones de *El Clave Bien Temperado* de Bach del gran pianista canadiense Glenn Gould y Friedrich Gulda.

nada bueno. No descarto el "valor" de la "música de entretenimiento" pero en la altura y mérito que le corresponde, aunque en mí no despierta el más mínimo interés.

Dicho lo cual, tengo autoridad para decir que la Música podría ser el medio ideal para que una sociedad alcanzara las más altas cotas de felicidad (muy a menudo confundida con simple bienestar) y entendimiento en su conjunto e independientemente de gustos personales: a determinado nivel, quien ama a Bach, ama a Beethoven o a Schubert. Tras todas estas poliédricas consideraciones que conforman la educación, intentaremos dar una definición de educación:

"La educación es la ética y estética del Espíritu".

Estimado lector: llegado ya a las postrimerías de estas pequeñas reflexiones mi máximo anhelo es que hubiera tenido en consideración alguna de mis lecturas o Músicas de referencia. Si lo hizo en el pasado, le invito a redescubrir esos infinitos con profundo agradecimiento de corazón.

JOSUÉ BONNÍN DE GONGORA

MOZART, ARMONÍA E INFINITUD

Compases de la Iniciación

masonica.es

Un recorrido simbólico por la vida y obra de Mozart,
donde la música se entrelaza con la armonía universal
y los ideales del pensamiento masónico.

Nicola Lococo, (Castro Ur-
diales, 1968), es filósofo, teó-
logo, pedagogo, analista de
diversos organismos internacionales, colaborador habitual en medios de comu-
nicación y autor de una
amplia producción como ar-
ticulista y ensayista. En
MASONCIA se pueden en-
contrar su *Historia oculta de
la masonería* (7 volúmenes),
La ilustración Iniciada y *El
romanticismo Iniciado.*

TOLSTOI
EDUCADOR DE LA HUMANIDAD

Nicola Lococo

A la condición masónica no se accede por abrazar nobles ideales, tampoco por adoptar una conducta irreprochable, menos todavía por cumplir con celo ciertos rituales, siquiera por estar a plomo con las cuotas. A la condición masónica se accede por iniciación como al cristianismo se llega por bautismo. Pues bien, mientras la condición cristiana de Lev Nikoláievich Tolstoi (1828-1910) ha quedado acreditada con acta bautismal, tanto cuanto su posterior excomunión, no así sucede con su afiliación a la masonería de la que no hay rastro alguno, ni documentado, ni atestiguado,[1] "circunstancia del todo adversa para darle cabida en estas páginas. Y sin embargo, qué mal haríamos prescindiendo aquí de una figura como la suya.[2]

---

[1] Hasta donde alcanza mi consulta de publicaciones sobre el particular, no hay fecha ni lugar de su iniciación; tampoco se conoce que perteneciera a una logia; nadie ni en vida ni en muerte reveló haberlo visto en una reunión masónica; no hay correspondencia suya o de terceros que afirme o sugiera algo parecido; no existen fotos, ni retratos con vestimenta o gesto masónico, etc.

[2] A este respecto, comparto el prudente y abierto criterio del *Museo Virtual de la Masonería de la UNED* al permitir que el nombre "Tolstoi" tenga su propio epígrafe con la única cautela de exponer un pasaje de su obra.

TOLSTOI
EDUCADOR DE LA HUMANIDAD

Nacido en el seno de una familia estrechamente vinculada a la masonería desde el siglo XVIII, con una decena de miembros adscritos a la hermandad entre los que se contaba su padre,[3] puede decirse que Tostoi, más que estudiar la masonería como sugieren algunos masonólogos, la experimentó en casa desde su niñez aunque fuera en diferido,[4] sólo así podemos explicarnos la viveza de ciertos pasajes de su famosa novela *Guerra y paz* donde describe lo considerado por muchos su propia iniciación, cuyo realismo va mucho más allá de un estilo literario bien informado para una trama, dicho sea de paso, trufada de masonería de principio a fin,[5] como lo estuvo igualmente su propia existencia cuya biografía con notables paralelismo con uno de los personajes, Pierre Bezukhoz,[6] podría entenderse como la natural puesta en práctica de aquellas enseñanzas recibidas en el hogar sin otra directriz que la libertad de pensamiento y acción. De todo ello debió ser consciente el propio Tolstoi quien, paradójicamente, en las postrimerías de su vida en 1905 reconoció ser inconscientemente masón.

Los pasajes más significativos respecto al conocimiento que Tolstoi disponía sobre la masonería los hallamos en el libro II de la parte II entre los capítulos del III al VI, aunque como he dicho, toda la obra rezuma masonería.

Debido a este trabajo me he visto en la necesidad de releer *Guerra y paz* a fin de verificar cuanto deslizo en esta ponencia, esfuerzo que me permite a cambio mantener ante ustedes que la entera obra está redactada para el fra-

---

[3] Esta información la he encontrado en, Ferrer Benimeli, J.A. 2013. *La masonería en la literatura. Una panorámica general. REHMLAC+, Revista de Estudios Históricos de la Masonería Latinoamericana y Caribeña plus.* 5, 2 (dic. 2013), 2–21.

[4] Huérfano de madre sin cumplir los dos años y de padre a los nueve, la educación del joven Tolstoi, en buena medida quedó en manos de sus tías y tutores. De hecho, no fue a la escuela primaria ni compartió aula con otros niños de su edad, circunstancia donde mentalmente hemos de situar en gran medida el origen primero de su posterior fracaso por inadaptación al ambiente académico universitario y después, al método pedagógico revolucionario que alumbró.

[5] Para confirmar este extremo, nada como acudir al formidable trabajo *León Tolstoi: La masonería como símbolo dentro de una alegoría,* firmado por Rogelio Aragón Juárez.

[6] No es necesario ser experto en literatura para entender que los escritores tejen la trama de sus novelas con la misma madeja de su existencia, sea o no ficción el género de su relato, de modo que, cuando se sospecha de ciertos paralelismos de Tolstoi con este personaje no se está diciendo nada relevante, salvo que en el caso de Tolstoi, fuera costumbre más acentuada que en otros autores, cosa que al parecer, sí está corroborada, tanto o más, que la afición de Hitchcock a realizar cameos. Por ejemplo, su relato *La mañana de un terrateniente,* versa sobre un aristócrata que, como en su caso, intenta mejorar la situación de sus siervos. Este detalle es el responsable principal para acentuar la sospecha de que este extendido pasaje y cuanto simbólicamente aparece y no aparece en *Guerra y paz,* es la forma que tuvo, tan renombrado novelista, de declarar al mundo su condición masónica, más, si tomamos en consideración las palabras del propio autor a propósito de esta obra: "no es una novela, mucho menos un poema, y aun menos una crónica histórica. *Guerra y Paz* es lo que el autor deseó expresar y fue capaz de expresar en la forma en que lo expresó".

ternal deleite, sin por ello impedir la amable lectura de quienes miran sin ver y escuchan sin entender las mismas palabras de sus páginas. Por poner uno de los muchos casos que he localizado:

> Pierre conocía muy bien aquella gran cámara, dividida por un arco, columnas, y revestida de tapices persas. En una parte de la habitación, tras las columnas, había una alta cama de caoba oculta por cortinas de seda y en la otra un enrome retablo con iconos.
>
> L. Tolstoi, Guerra y paz, Libro I; parte I; capítulo XX.[7]

Tras varias páginas dedicadas a mostrar el procedimiento de las aplomaciones previas de todo candidato, viene la siguiente escena.

> Vilarski tomó un pañuelo y vendó los ojos a Pierre; al hacer el nudo en la nuca le cogió un mechón de cabellos. Después lo atrajo hacia sí, le dio un beso y, de la mano, le llevó a otro sitio. A Pierre le molestaba el mechón de cabellos atado, hacía muecas, pero sonreía avergonzado. Su enorme figura, con los brazos caídos, la cara risueña y el ceño fruncido, avanzó en pos de Vilarski con vacilantes andares.
>
> Cuando había recorrido unos diez pasos, Vilarski se detuvo.
>
> —Le suceda lo que le suceda, debe usted soportarlo con valentía si está firmemente decidido a ingresar en nuestra hermandad.
>
> Pierre contestó moviendo la cabeza afirmativamente.
>
> —Cuando oiga ruido en la puerta, desátese los ojos. Le deseo valor y buen éxito —dijo.
>
> Y después de estrecharle la mano, salió.
>
> Al quedar solo, Pierre siguió sonriendo como antes. Por dos veces se encogió de hombros y se llevó las manos al pañuelo como para quitárselo, pero volvió a bajarlas. Los cinco minutos que estuvo con los ojos atados se le antojaron una hora. Se sentía cansado, le pesaban los brazos, y sus piernas empezaban a vacilar. Experimentó las sensaciones más complejas y diversas. Tenía miedo de lo que iba a ocurrirle y aún más de demostrarlo. Sentía curiosidad por saber lo que iba a pasar, por lo que iban a revelarle, pero se alegraba, sobre todo, de que hubiese llegado el momento de entrar, por fin, en la senda de la renovación y de la vida activa y virtuosa con la que soñaba desde su encuentro con Osip Alexeievich. Oyó fuertes golpes en la puerta. Se quitó el pañuelo y miró en torno suyo. La habitación estaba completamente oscura. Tan sólo en un rincón ardía una lamparilla colocada en el interior de un objeto blanco. Al acercarse, Pierre vio que estaba sobre una mesa negra en la que había un libro abierto. Eran los Evangelios. La lamparilla se encontraba en una calavera. Después de leer las primeras palabras del Evangelio: «Al principio era el Verbo y el Verbo era Dios», Pierre rodeó la mesa y advirtió un

---

[7] Traducción de Lydia Küper, aparecida en la editorial Planeta, Barcelona, 2019.

gran cajón abierto. Era un féretro lleno de huesos. No le sorprendió en absoluto lo que veía. Con la esperanza de entrar en una vida nueva, completamente distinta de la de antes, estaba dispuesto a ver cosas aún más extraordinarias. La calavera, el ataúd, los Evangelios..., le parecía que había esperado todo esto e incluso más. Procuró excitar el enternecimiento en sí mismo y miró en torno suyo. «Dios, la muerte, el amor y la fraternidad de los hombres», se dijo relacionando con estas palabras una idea vaga ¿pero gozosa. De pronto, se abrió la puerta. Pierre, que se había acostumbrado ya a aquella débil luz, vio entrar a un hombre de baja estatura. Sin duda, venía de una habitación iluminada porque se detuvo un momento y después avanzó cautelosamente hacia la mesa en la que apoyó sus pequeñas manos cubiertas con guantes de cuero. Llevaba un mandil blanco de cuero, que le cubría el pecho y parte de las piernas; en su cuello había algo semejante a un collar y una gola blanca le rodeaba el rostro alargado.

Transcurridas conocidas secuencias y diálogos con todo lujo de detalles, atendamos al final de la ceremonia de iniciación:

Uno de los hermanos rompió aquella pausa al llevar a Pierre hacia el tapiz, donde leyó en un cuaderno la explicación de todas sus figuras: el sol, la luna, el martillo, la plomada, la paleta, la piedra cúbica, la columna, las tres ventanas... Después indicaron a Pierre su sitio, le dijeron cuáles eran los signos de la logia y la consigna para entrar. Finalmente, le permitieron que se sentara. El Venerable Maestro se puso a leer los estatutos. Eran muy largos y, debido a la emoción y a la vergüenza, Pierre no estaba en condiciones de enterarse. Se fijó únicamente en las últimas palabras, que quedaron grabadas en su memoria: "En nuestros templos no conocemos más grados—leyó el Venerable Maestro— que los que se hallan entre la virtud y el vicio. Ten cuidado de no establecer diferencias que puedan quebrantar la igualdad. Corre en ayuda de un hermano, sea quien fuere, indica el camino al que se ha extraviado, levanta al caído y nunca sientas ira ni odio hacia un hermano. Sé afectuoso y amable. Fomenta el fuego de la virtud en todos los corazones. Comparte tu felicidad con el prójimo, y que jamás la envidia perturbe este placer. Perdona a tu enemigo, no te vengues de él, págale con el bien. Cumpliendo así la ley suprema, encontrarás las huellas de tu antigua grandeza malgastada", concluyó.

Y levantándose, abrazó y besó a Pierre.

Este, con lágrimas de alegría en los ojos, miraba en torno suyo sin saber qué contestar a las felicitaciones de los que lo rodeaban. En todos tan sólo veía a unos hermanos y ardía de impaciencia por trabajar con ellos.

La reunión había terminado. Al volver a su casa, le parecía llegar de un largo viaje que hubiera durado años. Creía haber cambiado por completo y haber perdido sus antiguas costumbres.

TOLSTOI
EDUCADOR DE LA HUMANIDAD

Fuera de modo consciente o inconsciente, su pensamiento, obra y acción, conforman un todo mayor que el conjunto de sus partes donde unas se complementan a otras para dar cumplimiento a un plan maestro que desborda su producción literaria,[8] su ideario anarquista, su militante pacifismo[9] y su laica espiritualidad, a saber: la educación de la entera humanidad.[10] Esta afirmación se sustenta en varias suyas declaraciones en las que, pese a su notable reconocimiento literario, no disimularía tener en mayor estima su faceta pedagógica como cuando para satisfacer el interés por cuál era su obra más importante con la esperanza de que el propio autor ayudara a su público a deshacer el empate entre *Guerra y paz* o *Ana Karenina*, no vaciló en responder con su manual para enseñar a leer, *El abecedario*. Pero de entre todas estas suyas declaraciones favorables a su labor pedagógica, a mi juicio, la más emotiva, es la expresada en la carta remitida a la condesa Aleksandra Tolstaia el 7 de agosto de 1862.

> Sabes lo que la escuela significaba para mi desde que la abrí; era toda mi vida; mi monasterio; mi iglesia; donde buscaba y encontraba refugio de todas mis ansiedades, dudas y tentaciones de la vida.

Efectivamente, aunque la mayoría de nosotros arribamos a Tolstoi por su literatura,[11] el autor de cuentos y novelas, fue también un prestigioso pedagogo de vanguardia con lugar propio en la historia universal de la educación. Si bien, muchas de sus enseñanzas ya fueran punto de encuentro de los

---

[8] Fue nominado varias veces al Premio Nobel de literatura en 1902; 1903; 1904; 1905 y 1906.

[9] Fue también nominado varias veces al Premio Nobel de la paz en 1901, 1902 y 1910 e influyó notablemente en el pensamiento de Mahatma Gandhi (1869-1948) con quien mantuvo estrecha correspondencia.

[10] El trenzado de todos estos mimbres ideológicos compartidos en sus líneas generales por significativos pedagogos masones anteriores como Johann Gottfried von Herder (1744-1803), Johann Heinrich Pestalozzi (1746-1827) o Karl Christian Friedrich Karusse (1781-1832) y anarquistas de la época como lo eran Pierre-Joseph Proudhon (1809-1865), Piotr Kroptkin (1842-1921), Mijail Bakunin (1814-1876), o Élisée Reclus (1830-1905), ayudaría no poco a cimentar la sospecha sobre la pertenecía de Tolstoi a la masonería, especulación reforzada por proyectos similares al suyo como la Escuela Nueva de la que Francisco Ferrer Guardia (1859-1909), su máximo exponente, era un reconocido pedagogo, anarquista y masón.

[11] Les confieso que mi primer encuentro con Tolstoi dejó mucho que desear por mi parte, pues siendo lectura obligada durante el instituto, comoquiera que mi curiosidad discurra por sendas de las que no tenga que examinarme, no le hice mucho caso. ¡Craso error! De haber sabido entonces la de veces que me lo tropezaría en mi peripecia vital, (por el ajedrez, la filosofía, el anarquismo, el pacifismo, el cristianismo, la masonería) lo hubiera leído con más atención que para obtener un simple aprobado. De las siete veces que me he visto obligado a volver a su obra, la primera fue en 1° de carrera donde trabajando sobre la experiencia pedagógica de Summerhill, saltó la liebre: resulta que en el origen de este y otros proyectos similares estaba la sorprendente personalidad de Tolstoi y su escuela de Yásnaia Poliana como bien subrayan N. Abbagnano y A. Visalberghi en su soberbia *Historia de la pedagogía*.

padres de la pedagogía moderna desde Comenio, fue de los primeros en señalar la necesidad de introducir en la disciplina lo que es principio de toda ciencia, entiéndase la experimentación convirtiendo su aula en una especie de laboratorio para la observación directa del fenómeno educativo y el ensayo general de su revolucionaria metodología, como leemos en su trabajo titulado *La educación pública*.

Solo cuando el experimento sea la base de la escuela, sólo cuando todas las escuelas sean, por así decirlo, un laboratorio pedagógico, la escuela dejará de quedarse rezagada con respecto al progreso general, y el experimento contribuirá a sentar unos cimientos sólidos para una ciencia de la educación.

Posiblemente, esta vocación educadora se le despertara durante su periodo universitario (1844-1847) con las lecturas de Charles Dickens (1812-1870)[12] y Jean-Jacques Rousseau (1712-1778) al punto de fundar en su finca familiar, Yásnaia Poliana, (prado de luz)[13] una escuela para los hijos de los campesinos que trabajaban en su propiedad en 1849, es decir, con apenas 21 años de edad, así de temprana fue su vocación de enseñar. Con todo, este juvenil arranque, psicológicamente, tuviera mucho que ver con su fracaso académico al no terminar ni Estudios de literatura oriental, ni Derecho, las dos carreras en que se matriculó, impresión esta mía que deduzco de sus posteriores referencias sobre esta cuestión diseminadas en artículos y entrevistas.

En mi época (abandoné la universidad en 1845) me preparaba los exámenes memorizando no palabra por palabra, sino frase por frase, y solo me ponían un sobresaliente los profesores de asignaturas cuyos apuntes me había aprendido de memoria.

Afirmo que las universidades, no sólo las rusas, sino las de toda Europa, dado que no son del todo libres, no tienen más fundamento que la arbitrariedad, y son tan monstruosas como las escuelas monásticas.

L. Tolstoi; *Formación y educación*[14]

Esta primera experiencia, breve cuanto intensa, frustrante cuanto entusiasta, emprendida con más ilusión que pericia, empero, puso firmes pilares so-

---

[12] En 1860 durante su segundo viaje por Europa, no perdió la oportunidad de asistir en Londres a una conferencia suya sobre educación.

[13] La transliteración más habitual al español de la forma cirílica rusa es la aquí reflejada, aunque también la podemos ver como Iasnaia Poliana o Jasnaja Poljana, provenientes de los esfuerzos de otros idiomas por trasladar el alfabeto cirílico al latino. En cuanto a su traducción, la más frecuente es "Claro del bosque" aunque tomando en consideración los antecedentes masónicos familiares apuntados, no podemos descartar la por mí escogida.

[14] Para la reproducción de textos en este artículo, me he servido de la traducción de Marta Rebón aparecida en *Lev Tolstoi, Escritos pedagógicos*, La Clave, Barcelona, 2017.

bre los que más adelante asentaría su ambicioso proyecto humanista, cuales son: abierto al pueblo e independiente del poder.

> Después de rastrear la historia de la filosofía de la pedagogía, no encontraréis en ella criterio alguno para la educación; al contrario, una idea común que subyace de manera inconsciente en el pensamiento de todos los pedagogos, a pesar de las discrepancias que a menudo les separan; una idea que nos convence de que no existe tal criterio.
> (…) El único criterio en que tiene que sustentarse la pedagogía es la libertad.
> Tolstoi, L. *De la educación pública*

> La educación pública, siempre y en todas partes, me ha parecido y me sigue pareciendo un fenómeno incomprensible. El pueblo desea educación y cada individuo aspira a ella de manera instintiva. La clase culta – sociedad y gobierno – se afana en transmitir sus conocimientos y en educar a la clase menos favorecida. Parecería que esta coincidencia de necesidades tendría que satisfacer tanto a la clase que proporciona educación como a la que lo recibe. Pero ocurre todo lo contrario. El Pueblo se opone férreamente a los esfuerzos que hacen sociedad y gobierno en calidad de representantes de la clase culta para educarlos, de modo que en su mayoría estos esfuerzos son vanos.
> Tolstoi, L. *De la educación pública*

Percatado de su falta de formación el joven Tolstoi aparcó esta iniciativa en 1851 para enrolarse en el ejército en el que permanecería hasta la finalización de la Guerra de Crimea en 1856. No fue casual entonces la aparición durante este periodo de su trilogía Infancia, Adolescencia y Juventud, novelas de marcado contenido autobiográfico donde analiza el universo mental de cada etapa desde la aparición de las emociones, pasando por el proceso cognitivo hasta el desarrollo ético-moral y espiritual de la persona, cuya finalidad primera y última guiaría su entera trayectoria pedagógica: la de preservar en interés del educando su naturaleza y libertad. Así podemos leer en su diario en la entrada del 16 de abril de 1861 fechado en Weimar:[15]

> La tarea de la escuela no es impartir el conocimiento, sino aportar el gusto por él y la idea del saber.

Tras su paso por la milicia, con las ideas maduradas en las citadas novelas retomó su labor docente en la misma finca familiar con mayor fuerza y vigor, viéndose respaldado esta segunda vez por una mayor afluencia de alumnos a sus clases. Fue entonces, cuando asumió que la labor educativa

---

[15] Sea por su finalidad como fábulas y cuentos, sea por su capacidad para soportar experimentos mentales en la ficción, lo cierto es, que la expresión literaria ha sido desde los diálogos de Platón un socorrido cauce de exploración de las ideas filosóficas, fueran estas de corte socioeconómicas, políticas, religiosas o como en el caso que nos ocupa, pedagógicas como lo atestigua el *Emilio* de Rousseau o *Leonardo y Gertrudis* de Pestalozzi.

no era cosa sencilla dependiente únicamente de la buena voluntad del educador. Ello le empujó a ponerse al día en las distintas corrientes pedagógicas mediante escogidas lecturas de autores como Pestalozzi o Friedrich Froebel (1782-1852) así como informarse, en persona, de los sistemas de enseñanza de otros países, para lo cual, viajó en 1857 a Alemania Suiza y Francia.[16]

Como hemos visto, la idea de crear una escuela, hacía tiempo rondaba por la cabeza de Tolstoi, pero es en la entrada de su diario fechada durante su viaje el 23 de julio de ese año que encontramos la siguiente revelación: "La idea de crear una escuela en la aldea me llegó con fuerza, con claridad; una escuela para todos los alrededores".

Al regreso de este primer viaje de investigación en aras de encontrar en otras latitudes un modelo educativo estatal más acorde a sus intereses formativos que el establecido por las instituciones zaristas, su escándalo por la situación en que se hallaba la educación, no ya en Rusia sino en todas partes, le convenció de emprender un camino propio alejado de los organismos oficiales y del funcionariado estatal. Esta idea de trabajar al margen de los gobiernos e instituciones, pondría la guinda a un reconocible esquema de proceder libertario en el ámbito educativo del que Tolstoi es uno de sus pioneros. Es bajo esta óptica que hemos de leer alguno de sus pasajes:

> Un sistema educativo estatal obligatorio sería ciertamente dañino porque menoscabará el amor del Pueblo por la enseñanza.
>
> ¿Cuál es la razón de ser de la educación? Si un fenómeno tan inmoral como la coerción en la educación, es decir, la crianza puede existir durante siglos, la causa debe estar enraizada en la naturaleza humana. Creo haber descubierto esta causa en primer lugar en la familia, en segundo lugar en la religión, en tercer lugar en el Estado y en cuarto lugar en la sociedad.

Esta convicción, fue el motor de un efervescente quinquenio pedagógico, tiempo en que, en otoño de 1858, retomaría las clases para los hijos de los campesinos en una habitación de su casa con la sola ayuda del párroco del lugar; para marzo de 1859 ya contaba con medio centenar de alumnos; este triunfo que empezaba a correr de boca en boca por la comarca le animó a solicitar del ministerio la oficialidad[17] como escuela privada[18] para sus clases

---

[16] Tolstoi era políglota desde la infancia gracias a sus distintos tutores que le enseñaron en francés y alemán. El conocimiento de estas y otras lenguas le posibilitó desenvolverse con notable fluidez en sus viajes por Europa y el conocimiento especialmente de estos dos idiomas le brindaría la posibilidad de empaparse en las fuentes mismas de los pedagogos franceses y alemanes. Esto me induce a pensar que Tolstoi, quien se interesó por las experiencias de Froebel, debió estar al corriente de las ideas de Krausse, dada la estrecha colaboración mantenida entre estos dos pedagogos alemanes.

[17] Este permiso le fue concedido por las autoridades zaristas por tres motivos: primero, porque aunque su iniciativa no era del todo novedosa, en su comarca no había nada pare-

de Yásnaia Poliana; emprendería en 1860 un segundo viaje por Europa, visi-
tando además de los países anteriores Inglaterra, Italia y Bélgica, en esta ocasión, no tanto para informarse cuanto para compartir sus personales enfoques con otros pensadores a fin de pulirlos y enriquecerlos con sus
opiniones.[19] Empero, pese a haber visitado infinidad de escuelas de medio
continente[20] y haber escudriñado con mayor detenimiento durante casi nueve meses sus prácticas docentes, su mala impresión sobre la situación de la
pedagogía no sólo no varió, que empeoraría como podemos corroborar en su
diario donde se pronuncia sobre el sistema de enseñanza público alemán,
considerando el más avanzado de la época, en los siguientes términos.

> Visité una escuela para niños pequeños. Es horrible: una oración por el rey;
> golpes; todo de memoria; los niños aterrados; echados a perder.

En poco tiempo, la experiencia pedagógica de Yásnaia Poliana se convertiría en centro de peregrinación para numerosos maestros de toda Rusia e incluso del extranjero, atraídos por sus novedosos métodos de enseñanza,[21]

---

cido; en segundo lugar, porque la solicitud provenía de un conde con prestigio cultural; y
en tercer lugar, porque pese a los informes remitidos por los servicios secretos, todavía entendían que las ideas de este escritor eran soportables sobre el papel mientras no tuvieran
una concreción en la realidad. Y esta autorización no fue el único apoyo que obtuvo Tolstoi
de las instituciones zaristas. En su segundo viaje por Europa de 1860, contó con una carta
de presentación nada menos que del Ministro de Educación ruso que le facilitaría la labor
investigadora al abrirle todas las puertas.

[18] En la Rusia zarista, junto a la red de escuelas públicas dependientes enteramente del Ministerio de Educación y de sus funcionariado, coexistían otras entidades de carácter privado con los debidos permisos gubernamentales con amplia autonomía en su gestión. Es en
este sentido de privacidad que hemos de entender la iniciativa de Tolstoi y no en su acepción de elitista, dado que la asistencia a clase, en su caso, era gratuita para el alumnado.

[19] En este segundo viaje, Tolstoi se entrevistó, entre otros destacados revolucionarios, con
Proudhon, algo extremadamente significativo, pues, en su figura confluyen varios elementos de interés para comprender en profundidad cuanto estamos exponiendo y dejando de
exponer: fue el primer autor en identificarse como anarquista, reconocido masón y autor de
un texto publicado en 1861 cuyo título no era otro que *Guerra y paz*, precisamente el año
en que Tolstoi le conoció en Bruselas. Evidentemente, Tolstoi tomó prestado el lema para
su novela con la intención de entrar en debate sobre alguna de las ideas allí expresadas por
el historiador francés: el trabajo de Proudhon deja sin explicar el origen de la guerra al que
considera un misterio. En su opinión, guerra y paz anidan en el corazón humano, dos principios alternos en la realidad humana como el binomio amor/odio. Pese a sus diferencias,
fue todo un guiño a su obra y persona, digo esto, porque también dio el nombre de "Pierre" al personaje sobre el que se sospecha proyectó su propia iniciación masónica.

[20] Fuera en París, Londres, Bruselas…Tolstoi mostraba su interés en visitar personalmente
aulas, escuelas y colegios asistir a las clases, entrevistarse con alumnos y maestros. Sólo en
Marsella, estuvo una treintena de centros.

[21] Esto fue cierto más adelante. Pero en sus inicios, Tolstoi, demasiado liberal para la aristocracia y demasiado conservador para los liberales, hubo de conformarse con aquellos jóvenes universitarios que habiendo sido expulsados de la universidad por sus ideas revolu-

favoreciendo la germinación de numerosos centros que seguirían su ejemplo.[22] Esto animó a Tolstoi a plantearse la creación de una asociación educativa capaz de formar al profesorado en su metodología, de proporcionar nuevos contenidos y programas académicos para los distintos niveles de enseñanza acordes a los nuevos valores educativos, así como fomentar la creación de escuelas en el mundo rural, hasta entonces, marginado por la educación zarista, preocupada únicamente en la formación de las élites asentadas en las ciudades. El instrumento para la articulación de esta asociación fue la publicación de una revista homónima, recipiendaria de las experiencias educativas remitidas por sus colaboradores en cuyas páginas el mismo Tolstoi reflejaría sus ideas sobre la materia en artículos como *De la educación pública; Sobre los métodos de enseñanza de las primeras letras; Proyecto de plan general de organización de las escuelas públicas; Quién enseña a escribir a quién; o Progreso y definición de la educación.*[23] Este órgano intelectual de la vanguardia pedagógica tolstiana llegó a publicar, en apenas un año de existencia, doce números mensuales hasta diciembre de 1862, momento en que apareció su último ejemplar debido a las presiones a las que Tolstoi y su escuela se vieron sometidos desde las instituciones zaristas que empezaban a sentirse amenazadas, tanto por la pujanza de su trabajo entre las clases campesinas, cuanto por el contenido revolucionario de sus enseñanzas.

Mientras la vocación docente de Tolstoi fuera intermitente, no rebasara en exceso los límites geográficos de su finca familiar, se limitara a tertulias intelectuales, su actividad, aunque seguida de cerca por los servicios secretos zaristas fue contemplada como una excentricidad propia de un acomodado aristócrata como lo era el conde Tolstoi. Pero el proyecto pedagógico tolstiano crecía por momentos con varias decenas de escuelas similares en las aldeas colindantes de la región de Tula, asistidas por una tropa de universitarios liberales represaliados, convirtiendo la perenne sospecha policial en inquietud del funcionario, preocupación ministerial y alarma general de las instituciones zaristas que no dudaron en poner fin a todo aquello blandiendo la falsa acusación de que Tolstoi escondía en su finca una imprenta clan-

---

cionarias hallaron en Yásnaia Poliana una oportunidad de dar salida ideológica y profesional a sus juveniles aspiraciones.

[22] Esto acontecería conforme avanzaron los años, pero en verdad la mayoría de escuelas nacidas en los alrededores de Yásnaia Poliana, lo hicieron impulsadas por el propio Tolstoi quien valiéndose del cargo que a la sazón ostentaba de Juez de paz, aprovechó una de sus competencias para crear escuelas rurales en el distrito de Tula hasta un número que rondaba la veintena.

[23] Los escritos de Tolstoi sobre la materia no se limitan a los artículos aparecidos en la revista de efímera existencia. Como hemos visto, desde muy pronto su fascinación por la psicología y comportamiento infantil, adolescente y juvenil fue rumiada en distintos textos fueran estos cuentos, novelas o artículos. Así podemos citar entre muchos otros *Ideas sobre la educación; Charlas con los niños sobre problemas morales; La principal tarea del maestro,* etc.

destina para someter a Yásnaia Poliana a un minucioso registro de dos días en cuanto el 3 de octubre de 1862 el Ministerio del Interior ruso informó al Ministerio de Educación en los siguientes términos:

> Un examen cuidadoso de la revista pedagógica Yasnaya Polyana, que publica el conde Tolstoi, nos lleva a la conclusión de que esta revista, a través de su propaganda a favor de nuevos métodos de enseñanza y de la fundación de escuelas elementales, difunde con frecuencia ideas no sólo incorrectas, sino también perjudiciales...[24] (...) El demonio subyace en el sofisma y la excentricidad de sus convicciones, las cuales, al ser expuestas con extraordinaria elocuencia, pueden seducir a profesores inexpertos hacia esta dirección, y por lo tanto, crear una corriente equivocada en la educación popular. Tengo el honor de informar de este particular, esperando que considere oportuno que la censura ponga especial atención en esta publicación.

Ciertamente, la escuela de Tolstoi era revolucionaria, demasiado avanzada para su época y aún para la nuestra a tenor de lo que sabemos no de sus objetivos teóricos e ideológicos sino de su cotidiana realización con sus pruebas, errores, ajustes y correcciones, pues, en líneas generales, Yásnaia Poliana, traducía la quimera de la libertad en su alumnado y profesorado estimulando su creatividad, favoreciendo su independencia de criterio y planteamiento discursivo lo que hoy damos en llamar pensamiento crítico, ser capaz de aprender por si mismo, entiéndase autodidacta, ser dueños de su formación en cuanto a ritmo de aprendizaje, poner el acento del mismo conforme a su interés multifacético desde un enfoque holístico no exclusivamente académico.[25] En sintonía con todo ello, el alumnado no tenía un sitio asignado, ni estaba empupitrado con una postura fija, podían cambiar de lugar, sentarse en el suelo, deambular por las instalaciones; no había deberes para casa; el castigo físico estaba prohibido tanto para el bajo rendimiento académico cuanto para el comportamiento que se pretendía fuera autorregulado por el propio educando conforme asimilara la pauta general del grupo manando del orden subsiguiente la autoridad del maestro; su alumnado entre

---

[24] Hasta aquí, el texto lo he tomado de Ulrich Klemm quien a su vez cita como fuente del mismo a P. Birukof: *Leo N. Tolstoi. Memorias autobiográficas, cartas y material biográfico.* Viena/Leipzig 1906. p. 478 que a decir de este autor experto en pensamiento anarquista es una de sus mejores biografías. En adelante lo completo con la traducción efectuada por Marta Rebón.

[25] El profesorado, además de instruir en los conocimientos académicos del aula, otorgaba valor a los conocimientos que cada alumno portaba consigo por mero contacto con la realidad circundante fuera este agrícola, textil, gastronómico, ganadero. Esta puesta en valor del conocimiento que el alumnado es capaz de absorber por si mismo fuera del aula le llegó como apunta en De la educación pública, durante su estancia en Marsella al comprobar como aquel mismo niño que le había contestado que a Enrique IV le había asesinado Julio César, en cambio conocía muy bien la historia de *Los tres mosqueteros* y *El conde de Montecristo.*

los 7 y los 13 años de edad acudía a las clases desde las 8 de la mañana hasta media tarde con un descanso para comer repartidos en tres niveles según su edad y progreso en las respectivas materias, cuyo programa curricular, integraba materias como dibujo o canto, además de las disciplinas habituales de historia, física, o matemáticas cuyos grados superiores eran impartidos por Tolstoi quien pese a la seriedad formal de su contenido no dudaba en introducirlo con cuentos y poesías elaboradas ex profeso. Sin duda, la labor docente en Yásnaia Poliana debió ser excitante para los maestros con vocación y un infierno para quienes llegaran a la profesión sin ella pues dar clase bajo los parámetros descritos, grosso modo, de la metodología tolstiana tildados despectivamente como Pedagogía anarquista, era algo que requería mucha energía para que aquel desorden organizado arribara a buen puerto.

Para corroborar el párrafo precedente podemos echar mano de infinidad de testimonios de sus colaboradores, de sus partidarios y aún de sus detractores, pero entiendo que lo más apropiado aquí, es reproducir fragmentos de su fundador, director y principal maestro del proyecto educativo de Yásnaia Poliana.[26]

La escuela se ha desarrollado libremente por la sola virtud de los principios establecidos, por el maestro y por los alumnos. A pesar de toda la autoridad del maestro, el alumno tenía siempre el derecho de no frecuentar la escuela, y aun frecuentando la escuela, el de no escuchar al maestro. Este tenía el derecho de no conservar al alumno en su escuela y de poder obrar con toda la fuerza de su influencia sobre la mayoría de los niños, sobre la sociedad que entre ellos forman siempre. Cuanto más adelantan los niños en el estudio, más se extiende la enseñanza y más se impone la necesidad del orden. Por consiguiente, en una escuela que se desenvuelve normalmente y sin violencia, cuanto más instruidos son los discípulos, más capaces del orden resultan, más sienten ellos mismos la necesidad de él, y más fácilmente, bajo este punto de vista, se establece la autoridad del maestro.

En la escuela de Yásnaia Poliana, desde su fundación, se ha visto confirmada constantemente esta regla. Al principio, imposible distribuir las clases, ni las materias, ni los recreos, ni las tareas: todo se confundía, todos los ensayos de distribución resultaban vanos. Hoy, en la primera clase, hay alumnos que piden ellos mismos seguir la guía de horarios y materias, que se aburren cuando se les saca de su lección, y que echan fuera a los pequeños que se atreven a estar entre ellos.

A mi juicio, este desorden, aunque parezca al maestro tan extraño, tan incómodo, es útil, e indispensable. Ocasiones tendré de volver a ocuparme, con bastante frecuencia, de las ventajas de esta organización; en cuanto a sus in-

---

[26] Quienes tengan interés en conocer de primera mano la descripción que el mismo Tolstoi hace de su escuela lo mejor es acudir a su texto titulado *La escuela de Yásnaia Poliana durante los meses de noviembre y diciembre.*

convenientes, he aquí lo que tengo que decir: «En primer lugar, el desorden u orden libre parécenos tan espantoso porque estamos acostumbrados a otro sistema según el cual hemos sido instruidos».

En segundo lugar, sobre este punto, como sobre otros muchos, el empleo de la violencia está fundado en una interpretación irreflexiva e irrespetuosa de la naturaleza humana. Parece que el desorden aumenta, crece por momentos, no conoce límites; parece que nada puede detenerlo sino la represión violenta, cuando basta esperar un poco para ver el desorden (o el fuego) extinguido por sí mismo, produciendo un orden más perfecto y estable que aquel por el cual lo sustituiríamos.

Los escolares son hombres, seres sometidos, por muy pequeños que sean, a las mismas necesidades que nosotros; como nosotros, seres pensantes; todos quieren aprender, y para esto van a la escuela, y por esto llegan sin esfuerzo a esta conclusión, que, para aprender, es necesario someterse a ciertas condiciones. No sólo son hombres, sino que constituyen una sociedad de seres reunidos en un pensamiento común. Y en todo lugar donde se reúnan tres en Mi nombre, Yo estoy en medio de ellos. Cediendo a las solas leyes naturales, a las leyes derivadas de la naturaleza, ni se oponen, ni murmuran; cediendo a vuestra autoridad intempestiva, no admiten la legitimidad de vuestras campanillas, de vuestro uso del tiempo, de vuestras reglas.

Ante el toque de atención policial entrando en su recinto familiar, registrando todos los rincones de su escuela, revolviendo sus manuscritos, interrogando a familiares, levantando acta de quienes allí se juntaban… Tolstoi, prudentemente,[27] optó por retirarse de la vida docente directa en 1863 poniéndose de inmediato a trabajar en su novela *Guerra y paz* cuya redacción fue ultimada en 1869 momento en que volvió a su labor pedagógica preocupado por dotar a los niños rusos de un manual escolar adecuado a su tierna edad para aprender a leer. Como él mismo reconociera en entrevistas y escritos posteriores, nunca dejó de preocuparse por la enseñanza ni de investigar los modos correctos de su mejora de modo que para cuando terminó de escribir una de las obras cumbres de la literatura universal ya estaba en condiciones de afrontar una de las mayores dificultades a resolver por toda vanguardia pedagógica que se precie: el de no contar con libros adecuados al nuevo modo de enseñar ni en su forma ni en su contenido, nefasta circunstancia de la que ya se lamentaba en su revista de Yásnaia Poliana.

---

[27] El destacado pedagogo, anarquista y masón español **Francisco Ferrer Guardia**, promotor de la Escuela Moderna, no tuvo esta prudencia y terminaría juzgado bajo falsas acusaciones por instigar los lamentables incidentes de la denominada Semana Trágica de Barcelona, condenado a muerte por un tribunal militar y fusilado el 13 de octubre de 1909 a pesar de las manifestaciones que a nivel mundial reclamaron su libertad.

TOLSTOI
EDUCADOR DE LA HUMANIDAD

He aquí la cuestión que no hemos podido llegar a resolver: para que el pueblo se instruya, es imprescindible que este tenga la posibilidad y el deseo de leer buenos libros, los buenos libros están escritos en un lenguaje que el pueblo no comprende; para aprender a entenderlos se debe leer mucho; para tener ganas de leer se debe poder comprender... ¿Dónde está el error? ¿Qué hay que hacer para salir de esta situación?

Aquel forzado cuanto fructífero retiro literario, lo debió ser también pedagógico pues de inmediato se puso a trabajar en dar cumplida y exitosa respuesta al interrogante por él mismo planteado. Así su inquietud por ofrecer a los escolares un libro de texto apropiado para aprender a leer fue concretado en 1872 con la aparición de *El abecedario*, el mismo año en que Yásnaia Poliana reabriría por tercera vez sus aulas, justo a tiempo de presenciar la marcha triunfal de su fundador como pedagogo cuyo *Abecedario* tuvo numerosas ediciones en Rusia con traducciones a otros idiomas durante décadas.[28]

Su reconocimiento pedagógico sumado a su celebridad como escritor le dejaron libre para dedicarse a la difusión pública de su espiritualidad que le depararía ser excomulgado de la Iglesia ortodoxa rusa para erguirse en referente espiritual de lo que se daría en llamar tolstoyismo.[29]

Una conversación acerca de la divinidad y la fe me ha sugerido una grande y espléndida idea, a cuya realización me siento capaz de consagrar toda mi vida. Esta idea es la fundación de una nueva religión que corresponda al estado presente de la humanidad; la religión de Jesús, pero depurada del dogma y del misticismo, una religión práctica que no promete la bienaventuranza futura, sino la felicidad en la tierra.

Para terminar, diremos que este escritor, pensador, anarquista, pacifista, cristiano heterodoxo, políglota, vegetariano, ajedrecista y pedagogo sacó tiempo para cultivar en Yásnaia Poliana, además de las mentes infantiles un jardín de claveles blancos, pues resulta que también era jardinero. A su muerte, sus hijas

---

[28] *El Abecedario* y su edición ampliada de 1875 bajo el título *Nuevo abecedario*, conformaban cuatro volúmenes de carácter enciclopédico cuyos variados contenidos aumentaban de complejidad conforme aumentaba la edad de sus destinatarios contando cada manual con un valioso apéndice de instrucciones para el docente, si bien su éxito residía en lo novedoso de sus contenidos y la sencillez con que estaban expresados. Esta versión tuvo muy buena acogida y hasta el Ministerio de educación de Rusia permitió su empleo en las escuelas públicas del Estado.

[29] El 24 de febrero de 1901, el Santo Sínodo de la Iglesia ortodoxa rusa emitió un comunicado anunciando la excomunión de Tolstoi por sus falsas enseñanzas anticristianas y contrarias a la Iglesia. La excomunión de la Iglesia era algo reservado para los mayores herejes y más despiadados criminales. De hecho, en casi medio siglo entre 1870 y 1917 con la Revolución, no hubo más excomunión que la de este insigne literato. Y es que Tolstoi negaba la divinidad de Jesús o la necesidad de sacerdotes. Pero la idea germinal del tolstoyismo aparece anotada en su diario en la temprana fecha de 1855.

tomaron el testigo de la escuela y del jardín hasta que la revolución bolchevique requisó la finca aunque posteriormente la convirtieran en museo. Fue entonces, cuando de modo simbólico ¡Oh! ¡Gran Inanna! enviaron los claveles blancos del jardinero a, Josep, experto horticultor, amigo de Tolstoi y hermano del también pedagogo y anarquista masón, Francisco Ferrer Guardia. ⚒

BIBLIOGRAFÍA

ABBAGNANO, N. – VISALBERGHI, A. *Historia de la pedagogía*, FCE, Méjico, 2019

ARAGÓN, R. *León Tolstoi: La masonería como símbolo dentro de una alegoría*, REHMLAC, 2014.

EGOROV, S.F. *León Nikolaievich Tolstoi (1828-1910)*, *Perspectivas*, revista trimestral de educación comparada, UNESCO, París, vol. XVIII, n° 3, 1988.

FERRER BENIMELI, J.A. *La masonería en la literatura. Una panorámica general. REHMLAC+, Revista de Estudios Históricos de la Masonería Latinoamericana y Caribeña plus.* (dic. 2013).

RÓTTOLI, S. *Entre Maestros*, Revista Letras. N° 6. Publicación del Centro de Investigación en Lectura y Escritura Facultad de Periodismo y Comunicación Social – Universidad Nacional de La Plata, 2017.

TOLSTOI, L. MEMORIAS, INFANCIA, ADOLESCENCIA, JUVENTUD. Austral, Barcelona, 2015.

TOLSTOI, L. ESCRITOS PEDAGÓGICOS. La Llave, Barcelona, 2017.

TOLSTOI,L. *Guerra y paz*, Planeta, Barcelona, 2019.

TOLSTOI, L. *Diarios (1847 – 1894)*, Acantilado, Barcelona, 2002.

Una ambiciosa investigación en siete volúmenes que desvela los orígenes esotéricos, simbólicos y olvidados de la masonería a lo largo de los siglos.

Josep-Lluís Domènech Gómez, funcionario emérito del Excmo. Ayuntamiento de Barcelona; ha sido Venerable Maestro de la R. L. Montjuic, Gran Canciller y Gran Maestro Adjunto del Gran Orient de Catalunya. Es Gran Maestro Adjunto para Exteriores, de la Gran Logia Simbólica de España (GLSE). Es miembro de la R.L. Ciencia i Llibertat y del Supremo Consejo Masónico de España (SCME) del que es grado 33º y presidente del Capítulo Rosacruz Salud, Fuerza y Unión. Fue iniciado en el Rito Egipcio en la Grande Loge Française de Memphis-Misraîm, en Perpignan (Francia). Es autor de los conocidos ensayos de la serie de los Altos Grados del Rito Escocés Antiguo y Aceptado: *Logia de Perfección, Capítulo Rosacruz, Príncipe del Tabernáculo* y *Príncipe Kadosh*, además de otros ensayos masónicos como *El Venerable Maestro* (en español y en catalán) y *El silencio masónico, Los Oficios de la logia, Manual de procedimientos operativos de logia* y *Las planchas masónicas.* Es también autor-compilador de los *Rituales Altos Grados del Rito Escocés Antiguo y Aceptado (Grados 4º-33º),* obra de enorme difusión en todo el mundo de habla española.

EL LINAJE ESCOCÉS HUMANISTA DEL R.E.A.A. PARA UNA EDUCACIÓN EN LA SOCIEDAD ACTUAL

Josep-Lluís Domènech Gómez

Un modelo educativo de referencia

Cuando se desea abordar el interesante tema de iniciativas alrededor de una propuesta del REAA desde el ámbito masónico, para una Educación en la sociedad actual, aparece ante nosotros el modelo francés consolidado durante la Tercera República (1870-1940). Este patrón de enseñanza está carac-terizado por su clara apuesta radical por la laicidad, la universalidad y la formación cívica de la juventud desde la infancia hasta la universidad. Eran otros tiempos, pero creo que desde este punto se debe abordar el tema.

Este modelo surgió de la confrontación histórica entre la masonería y la Iglesia católica, con el objetivo de sustraer la educación de la influencia eclesiástica y construir una ciudadanía republicana basada en la razón, la ciencia y los valores democráticos.

La masonería francesa, especialmente a través del Gran Oriente de Francia, jugó un papel central en la promoción de la escuela laica. Desde princi-pios del siglo XIX, las logias masónicas impulsaron iniciativas educativas para hijos de obreros y jóvenes desfavorecidos, sentando las bases de una educación alternativa a la religiosa. Sin embargo, fue a finales del siglo XIX cuando su influencia se hizo decisiva en la legislación educativa. El gobierno comenzó a actuar legislando.

La *Ley Ferry* de 1881 instauró la enseñanza gratuita en las escuelas prima-rias públicas, y una posterior ley de 1882 la hizo obligatoria y laica, exclu-yendo la enseñanza religiosa de los programas oficiales.

Estas leyes respondían a la convicción masónica de que la educación debía ser un instrumento de emancipación social y de formación de ciudadanos libres, responsables y críticos, capaces de gobernarse por leyes aceptadas democráticamente.

Posteriormente, la *Ley Goblet* de 1886 profundizó en la secularización al establecer que solo los maestros laicos podían enseñar en las escuelas públicas, desplazando progresivamente al clero de la enseñanza primaria. Este proceso culminó en 1904, cuando se prohibió a las congregaciones religiosas dedicarse a la enseñanza, lo que provocó el cierre de miles de escuelas religiosas y consolidó el monopolio estatal sobre la educación pública.

El modelo educativo republicano francés, inspirado en principios masónicos, se basó en varios pilares: laicidad, gratuidad, obligatoriedad y universalidad. La escuela se concibió como un espacio neutro respecto a las religiones, donde la instrucción debía consistir y basarse en la ciencia y el pensamiento racional, excluyendo dogmas y supersticiones. La pedagogía se renovó para promover el espíritu crítico, la autonomía intelectual y la ciudadanía, con especial énfasis en la historia, la moral laica y la instrucción cívica.

La masonería consideró la educación como una "escuela de formación laica para la democracia y la paz". La misión de la escuela pública era formar ciudadanos comprometidos con los valores republicanos: libertad, igualdad, fraternidad y laicidad. Para ello, se fortaleció la preparación intelectual del profesorado, se renovaron los métodos pedagógicos y se dotó progresivamente a la escuela de recursos públicos suficientes.

En la educación secundaria y universitaria, el modelo laico se extendió mediante la creación de liceos y universidades públicas, donde el acceso se abrió progresivamente a todas las capas y estratos sociales, incluidas las mujeres, gracias a leyes como la de *Camille Sée* (1880). La educación superior se orientó a la investigación científica y al pensamiento libre, consolidando una élite intelectual republicana.

El modelo masónico-republicano francés tuvo un impacto duradero en la sociedad, contribuyendo a la secularización y a la cohesión nacional. La escuela pública se convirtió en el principal instrumento de integración social y de transmisión de unos nuevos valores, enfrentándose periódicamente a resistencias clericales y conservadoras. El modelo masónico de educación pública en Francia desde la infancia hasta la universidad se caracterizó por su apuesta por la laicidad, la gratuidad, la obligatoriedad y la formación cívica, con la escuela pública como espacio de emancipación y socialización democrática. Este modelo, fruto de la alianza entre masonería y republicanismo, sigue siendo un referente en los debates contemporáneos sobre laicidad y educación en Europa.

La necesidad del modelo educativo francés: derogar la influencia ancestral de la Iglesia Católica.

La base fundamental y el control institucional había estado siempre bajo el control directo de la Iglesia Católica, que definía patrimonialmente los contenidos, la moral y la disciplina escolar, muy especialmente en las escuelas primarias y privadas. Todo ello circunscribía unos claros objetivos y valores, de influir como objetivo principal, la formación de fieles y la continuidad in *secula seculorum*, de la estricta y encorsetada doctrina y moral católicas, orientando de esta manera la vida escolar desde buen principio hacia la obediencia y la devoción religiosa.

De esta manera los contenidos y la pedagogía estaban fundamentados necesariamente en una educación basada íntegramente en la educación religiosa. El currículo incluía la enseñanza del catecismo, la historia sagrada y la moral cristiana, con una fuerte presencia de sacerdotes y religiosos como maestros. A raíz de estas circunstancias, la educación religiosa, aunque extendida, no dejaba de estar claramente marcada por la desigualdad social y la influencia eclesial en la vida pública.

El frescor y la vitalidad del aporte del proyecto público de la Laicidad

El proyecto impulsado por el Estado republicano, es decir, la educación laica, estaba basado y circunscrito en una absoluta neutralidad religiosa (no prohibición) y una necesaria, útil y beneficiosa *separación entre la Iglesia y el Estado*. Todo ello se basaba y se consolidaba a partir de las leyes de la Tercera República.

Pero el argumento republicano del Estado francés no buscaba confrontación o saldar cuentas con las seculares leyes educativas del pasado. Los objetivos y valores estaban concentrados en formar a ciudadanos libres, críticos y comprometidos con unos principios republicanos como la igualdad, la libertad y la fraternidad. Promoviendo atalayas de instrucción moral y cívica, en lugar de la ferruginosa instrucción religiosa.

La educación laica, especialmente tras las leyes *Jules Ferry* (1881-1882) y la ley *Goblet* (1886), citadas anteriormente, eliminó la enseñanza religiosa de los programas oficiales y la sustituyó por ciencias, historia, instrucción cívica y moral laica, impartidas solo por maestros laicos.

La laicidad de la nueva educación estaba bajo los participios de *gratuita, obligatoria y universal*, garantizando el acceso a todos los niños independientemente de su origen social o creencias, y convirtiéndose en un instrumento de democratización y cohesión nacional.

La confrontación entre ambos modelos fue un reflejo de la lucha más amplia entre clericalismo y republicanismo. La consolidación de la escuela laica fue clave para la construcción del Estado moderno francés y la afirmación de la libertad de conciencia, mientras que la educación religiosa quedó relegada al ámbito privado tras la separación definitiva de Iglesia y Estado en 1905. La educación laica y la religiosa en la Francia del siglo XIX representaron dos proyectos de sociedad opuestos: uno centrado en la autoridad de la Iglesia y la tradición, y otro en la autonomía del individuo y los valores republicanos universales.

Sobre la Educación Laica en las bases de un modelo eficiente en la estructura social de un Estado

Con el resultado histórico que la nueva educación proporcionó al Estado francés, quedó demostrado el impacto positivo de la transformación de la estructura social de Francia. Ni que decir tiene que visto desde la atalaya de la Historia fue uno de los principales motores de la modernización, democratización y cohesión nacional francesa y un modelo a seguir por otros países.

Los principales impactos se fundamentaron en la democratización y el acceso universal a posibilidades que habían estado siempre prohibidas y recortadas a niños de clases sociales de extracción baja, con la consiguiente desigualdad educativa basada en el nacimiento o la religión, sentando bases primordiales para una sociedad más igualitaria, donde la movilidad social era posible a través del mérito y la instrucción.

La importancia suprema de estas leyes alrededor de la educación nos muestra unas ventajas aparecidas, que sorprendentemente aportaban cohesión nacional y formación ciudadana. La enseñanza de la historia, la moral laica y la instrucción cívica ayudó a forjar una identidad común, que superara definitivamente divisiones regionales, religiosas y de clase.

La educación laica fue clave para consolidar la separación radical entre Iglesia y Estado, excluyendo a la religión del ámbito público y, especialmente, de la enseñanza. Esto garantizó la libertad de conciencia y el respeto a todas las creencias, permitiendo que cada ciudadano pudiera pensar y creer libremente, sin imposiciones dogmáticas. La escuela laica introdujo métodos pedagógicos renovados y un currículo basado en la ciencia, la razón y el pensamiento crítico, en lugar de la fe y el dogma. Esto impulsó el progreso intelectual y técnico de la sociedad francesa, preparando a las nuevas generaciones para los retos de la modernidad y la vida democrática.

La reducción drástica de la influencia clerical no cercenó en ningún modo a los creyentes y al clero, aunque lo pueda parecer visto desde un contexto actual, en una cárcel de principios excluyentes y dictatoriales, sino que redujo el poder del clero sobre la sociedad y favoreció la profesionalización del magisterio laico. Además, la educación laica promovió la igualdad de género al abrir la escuela a las niñas y fomentar su formación intelectual y cívica en igualdad de condiciones con los niños.

El rol de una enseñanza efectiva y dinamizadora: la República

Dejando de lado, este modelo educativo surgido desde las premisas y participios de la Francia de la Tercera República, sería necesario incidir en lo que se podría sustantivar históricamente al respecto de este modelo de enseñanza, que independientemente del tema social de la vida civil de cualquier estado democrático, por extensión desde un alto porcentaje aportado por principios masónicos, quedó labrado y dispuesto para la siega de una cosecha abundante, rica en esencias nutritivas, al servicio de la Humanidad.

Pero no hay que dejar de lado y contextualizar aquella época de finales del siglo XIX y principios del XX. Las autoridades republicanas llevaron a cabo una serie de reformas legislativas para instaurar el laicismo en la enseñanza. Entre las medidas más significativas estuvieron la supresión de la obligatoriedad de la asignatura de religión en las escuelas públicas, la disolución de congregaciones religiosas como la Compañía de Jesús, la nacionalización de sus colegios y la prohibición de ejercer la docencia a religiosos, sustituyendo sus centros por escuelas públicas laicas. Estas acciones buscaban reducir drásticamente la influencia de la Iglesia en la educación y garantizar la neutralidad religiosa en el sistema escolar.

La política educativa republicana también se orientó a la creación de un sistema educativo unificado, con nuevos valores y métodos pedagógicos modernos, como la coeducación, la escuela activa y el contacto con la naturaleza, abriendo la escuela a todos los niños sin distinción de clase o creencias. El Estado asumió la responsabilidad de construir escuelas suficientes para sustituir a las regidas por órdenes religiosas y profesionalizó el magisterio laico

La política republicana impulsó la educación laica como instrumento de cambio social, democratización y cohesión nacional. Al separar la Iglesia del Estado en el ámbito educativo, la República sentó las bases para una sociedad más igualitaria y plural, donde la escuela pública fue el motor de la formación cívica y el respeto a la libertad de conciencia.

No toda la sociedad aceptó estas medidas educativas

Todas estas premisas y acciones, todo el desarrollo del entramado histórico se desarrolló, pero hay que tener en cuenta que no fue un *camino de rosas*. Que no fue fácil.

EL LINAJE ESCOCÉS HUMANISTA DEL R.E.A.A.
PARA UNA EDUCACIÓN EN LA SOCIEDAD ACTUAL

La Iglesia católica reaccionó con una fuerte oposición ante la promoción de la educación laica, percibiéndola como una amenaza directa a su histórica influencia social y cultural. Desde el inicio, la jerarquía eclesiástica defendió con vehemencia el mantenimiento de sus privilegios en el ámbito educativo, considerando que perder el control sobre la formación moral y religiosa de la juventud, suponía poner en riesgo su papel en la sociedad y la transmisión de su doctrina.

Uno de los argumentos centrales de la Iglesia fue la defensa de la "libertad educativa", entendida como el derecho de los padres a elegir una educación conforme a su fe religiosa. Sin embargo, este reclamo se interpretó en muchos casos como una estrategia para preservar su capacidad de adoctrinamiento y mantener la enseñanza religiosa en el sistema educativo, más que como una apuesta por la pluralidad o la ciencia. La Iglesia insistió en que la educación debía incluir la formación religiosa y moral católica, y denunció la laicidad como una forma de exclusión o incluso de hostilidad hacia la fe.

En el plano político y legal, la Iglesia católica utilizó todos los recursos a su alcance para frenar o limitar las reformas laicistas. Recurrió a la presión sobre gobiernos y parlamentos, promovió movilizaciones sociales y, cuando fue posible, negoció acuerdos o concordatos que le permitieran conservar prerrogativas en materia educativa, como la financiación pública de centros religiosos o la presencia de la asignatura de religión en la escuela pública. Estos privilegios han persistido en muchos países, generando debates sobre el principio de igualdad y la neutralidad del Estado.

En los momentos de avance del laicismo, como durante la Tercera República francesa o la Segunda República española, la respuesta de la Iglesia fue especialmente virulenta: denunció la legislación laica como contraria a la libertad religiosa y a la tradición, y movilizó a sus fieles en defensa de la escuela confesional. En algunos casos, llegó a calificar la educación laica de "antirreligiosa" y a considerar que la única educación auténtica era la inspirada en la doctrina católica.

La reacción de la Iglesia católica ante la educación laica fue de resistencia activa, defensa de sus privilegios y confrontación política e ideológica. Esta postura buscaba como objetivo a lograr, preservar su influencia sobre la sociedad y garantizar la transmisión de su doctrina, oponiéndose a la neutralidad y universalidad de la escuela pública laica promovida por los Estados modernos.

Han pasado los años y estas premisas, estos puntos de reflexión interesada, han continuado a expensas del reflujo histórico de los países.

EL LINAJE ESCOCÉS HUMANISTA DEL R.E.A.A.
PARA UNA EDUCACIÓN EN LA SOCIEDAD ACTUAL

Unas consideraciones preliminares a la política educativa de la sociedad según el R.E.A.A. en el siglo XXI

Han pasado ya muchos años, la enseñanza en el siglo XXI, especialmente en los estados democráticos, debe entenderse como un proceso dinámico y emancipador, acorde con los principios de libertad, igualdad y fraternidad que inspiran tanto la masonería del Rito Escocés Antiguo y Aceptado como los ideales democráticos modernos, pero se debe de entender que, dentro del contexto masónico, existen como en su día existían, una diversidad de ritos. Dentro de este abanico, dentro de esta sopa de ritos, el libre pensamiento es la base de toda formación auténtica, ya que solo a través de la reflexión crítica y la autonomía intelectual puede el individuo contribuir activamente a la sociedad. Y esto ocurre y continúa persistiendo con las variaciones específicas del progreso y el avance social a que hemos llegado con el paso de los años.

La educación democrática contemporánea se fundamenta y se basa en el reconocimiento de la pluralidad y la diversidad, vistos con una óptica diferenciada de la original hasta ahora expuesta. En este sentido, no se trata de imponer dogmas ni verdades absolutas, sino de crear espacios de diálogo donde todas las voces sean escuchadas y respetadas. El maestro, en la actualidad, pasa a ser más que un *transmisor* de conocimientos, en ser un *facilitador* que acompaña a los estudiantes en su proceso de construcción personal y colectiva del saber.

Uno de los grandes retos actuales es formar ciudadanos críticos, responsables y comprometidos con la transformación social. La pedagogía crítica, inspirada en pensadores diversos, propone una educación orientada a la praxis, es decir, a la reflexión y la acción transformadora. Esta perspectiva busca superar el individualismo y fomentar la participación en la esfera pública, elemento esencial para la vitalidad de las democracias. Pero todo ello adecuado al momento actual del fulgurante *aquí y ahora* de nuestros días.

La libertad de cátedra y de elección de métodos pedagógicos, consagrada en los sistemas democráticos desde el siglo XIX hasta nuestros días, sigue siendo un pilar fundamental. Permitir a los docentes y estudiantes explorar distintos enfoques y recursos favorece la innovación y la adaptación a las necesidades de una sociedad en constante cambio.

El pensamiento libre no significa ausencia de valores, sino capacidad para cuestionar, argumentar y elegir con responsabilidad. La formación ética y cívica debe acompañar siempre al desarrollo intelectual, evitando caer en el relativismo o la indiferencia ante los grandes desafíos de nuestro tiempo.

La vigencia de estos principios se refleja en la necesidad de una educación personalizada, que respete los ritmos y capacidades de cada estudiante, y que valore tanto el conocimiento científico como el desarrollo emocional y social. La flexibilidad y la empatía son cualidades imprescindibles para el educador del siglo XXI. La enseñanza libre pensadora en los estados democráticos del siglo XXI es más necesaria que nunca. Solo a través de una educación crítica, participativa y humanista podremos formar ciudadanos capaces de construir sociedades más justas, solidarias y libres, en sintonía con los ideales masónicos y los valores universales de la democracia.

Las esencias filosófico-prácticas del pensamiento masónico del R.E.A.A. en cuanto a la concepción de la enseñanza del siglo XXI

Después de ver desde un punto de vista de repaso histórico y social, el proceso evolutivo de la enseñanza, a partir de los postulados que en su día se adoptaron mediante una acción de gobierno en Francia a través de la gestión política de la Tercera República, solo nos cabe tomar nota de las características políticas, históricas y sociales que se han ido produciendo a lo largo de los años pasados. Partiendo de la Libertad de pensamiento emancipada de los poderes religiosos en una gran mayoría de países lo que garantiza una autonomía intelectual, critica y racional por otra parte, permite sustanciar un programa renovado de pedagogía crítica y transformadora, siempre desde las bases de una cimentación de praxis masónica, que combine reflexión teórica con compromiso social.

Asimismo, se puede hablar de una Universalidad y sentido de Inclusión que aúnen la integración del concepto de razón y espiritualidad que promuevan una idea de nuevo humanismo que logre equilibrar ciencia, filosofía y búsqueda de la trascendencia, evitando excesos en ambos sentidos.

Asimismo, fruto del desarrollo social de las últimas décadas la enseñanza debería primar el fomento del dialogo colectivo, debates de aprendizaje experiencial en que cada estudiante desarrollara un progreso mediante la participación hacia una conciencia social y un respeto a la diversidad, que viene a ser un principio central del REAA que como rito, que a lo largo de su desarrollo y práctica en más de dos centurias, ha sido el que más ha sabido adaptarse a los progresivos cambios del pensamiento filosófico, histórico, político y social de la sociedad.

Todo ello nos viene a la conclusión de la humanización progresiva de la enseñanza que tiene que ir enfocada en una síntesis entre la tradición y el progreso, combinando saberes ancestrales con innovación educativa, manteniendo la esencia iniciática del REAA mientras se responde a los nuevos y cambiantes desafíos de toda índole contemporáneos. Todo ello sustancia en gran manera la filosofía arraigada en 33 grados del rito, que debe de tener por objeto construir sociedades en donde la libertad individual y el bien común se refuercen mutuamente.

Siete enfoques de un proyecto educativo de formación superior sobre las bases de la filosofía del R.E.A.A.

1. **Promoción del pensamiento crítico**: Implementar programas como pudiera ser el *Sapere Aude*, que fomentan la problematización y el análisis filosófico, alineados con la búsqueda masónica de la verdad a través de la razón.

2. **Métodos activos y participativos**: Adoptar *principios de buenas prácticas educativas*, como el aprendizaje cooperativo y la retroalimentación inmediata, reflejando la reciprocidad y el diálogo propios del REAA.

3. **Formación ética integral**: Integrar en los planes de estudio valores como justicia y fraternidad, inspirados en los grados simbólicos del REAA, complementando la enseñanza técnica con humanidades.

4. **Investigación interdisciplinar**: Fomentar estudios que vinculen ciencias, artes y filosofía, siguiendo diferentes modelos de Estudios Masónicos del REAA, que pudieran impulsar proyectos multidisciplinares.

5. **Autonomía universitaria**: Aplicar principios de flexibilidad curricular para adaptar la enseñanza a contextos sociales cambiantes, análogo a la estructura progresiva de los 33 grados del rito.

6. **Educación continua docente**: Capacitar profesores en metodologías innovadoras y ética educativa, priorizando su rol como guías (no meros transmisores), en sintonía con la formación permanente del REAA.

7. **Enfoque comunitario**: Estimular proyectos que vinculen universidad y sociedad, promoviendo responsabilidad social -principio central en grados filosóficos como el Kadosh (30°).

Las bases del Linaje Escocés Humanista para una educación del siglo XXI

La filosofía del Rito Escocés Antiguo y Aceptado (REAA) tiene un impacto profundo y positivo en la creación de una comunidad universitaria inclusiva, ya que sus principios de libertad, igualdad y fraternidad se alinean con los valores fundamentales de la educación inclusiva contemporánea. El REAA promueve una visión humanista donde la diversidad es vista como una riqueza y no como un obstáculo, impulsando a la universidad a acoger y valorar todas las diferencias individuales.

Aplicando estos principios, la universidad inclusiva no solo garantiza el acceso igualitario, sino que también adapta sus estructuras, contenidos y prácticas para responder a la heterogeneidad de su comunidad. Esto implica eliminar barreras físicas, curriculares y sociales, y asegurar que todos los estudiantes, independientemente de su origen, capacidades o circunstancias, puedan participar plenamente y desarrollarse en igualdad de condiciones

El REAA inspira a asumir una cultura institucional basada en el respeto, la solidaridad y la justicia social, donde la inclusión es un eje transversal y no un añadido. Esta cultura fomenta el diálogo, la tolerancia y la participación de todos los miembros de la comunidad universitaria, creando un entorno donde cada persona se siente valorada y capaz de aportar.

Además, la filosofía masónica impulsa a las universidades a repensar sus procesos y políticas, promoviendo la equidad y la eliminación de cualquier forma de discriminación. Esto se traduce en sistemas de apoyo personalizados, adaptaciones curriculares y servicios accesibles que permiten a todos los estudiantes alcanzar su máximo potencial.

La inclusión, desde la perspectiva del REAA, contribuye a la calidad educativa al enriquecer el entorno de aprendizaje con múltiples perspectivas y experiencias. Esto favorece la cohesión social y prepara a los estudiantes para convivir y colaborar en sociedades diversas y democráticas.

Una comunidad universitaria inspirada en el REAA se caracteriza por la presencia, el progreso y la participación de todos sus miembros. La diversidad se refleja en la composición del alumnado, profesorado y personal, mientras que el progreso se orienta al desarrollo óptimo de cada individuo, y la participación asegura que todos tengan voz y protagonismo en la vida universitaria. El enfoque inclusivo también implica un compromiso ético y social de la universidad con su entorno, promoviendo la responsabilidad social y la formación de ciudadanos críticos y comprometidos con la justicia y la equidad.

Finalmente, la filosofía del REAA ayuda a transformar la inclusión en un elemento central de la cultura universitaria, no solo en sus políticas, sino también en sus prácticas cotidianas, asegurando que la diversidad sea siempre un motor de desarrollo y excelencia institucional.

Reflexiones finales a un proyecto que pueda sobrepasar la utopía

Todo este proyecto utópico educativo, compendiado por ideas personales, pero profundamente respetuoso con los fundamentos del REAA, me gustaría que tuvieran un corolario final, que se basa en unas ideas que con mi amigo y Hermano Joan-Francesc Pont, sustanciamos y plasmamos en el libro escrito conjuntamente titulado: *Historia del Supremo Consejo Masónico de España*[1], que tiene un subtítulo: *El linaje escocés humanista.*

---

[1] PONT CLEMENTE, Joan-Francesc, DOMÈNECH GÓMEZ, Josep-Lluís. *Historia del Supremo Consejo Masónico de España.* MASONICA, 2023

EL LINAJE ESCOCÉS HUMANISTA DEL R.E.A.A. PARA UNA EDUCACIÓN EN LA SOCIEDAD ACTUAL

Allí, en sus páginas decíamos: El Rito Escocés está en condiciones de asumir, por su apertura a todas las culturas, al Hombre con mayúsculas, sin distinción de sexo, raza, lengua, religión o nivel social, por su naturaleza de arcoíris que cubre al Hombre y le otorga a través de cada rayo de color, la libertad de rehacerse, enseñándole a vivir en paz en la concordia del color blanco, nuevas responsabilidades.[2]

Y es que, la idea nuclear pasa por proponer unos valores universales, desde la capacidad de la autocrítica, única vía para la credibilidad, y susceptibles de generar un espacio de libertad exigente en el respeto de cada persona, para que todo ello sea el compartir los caminos hacia la construcción de la paz basada en el amor entre hombres y mujeres libres. ⚜

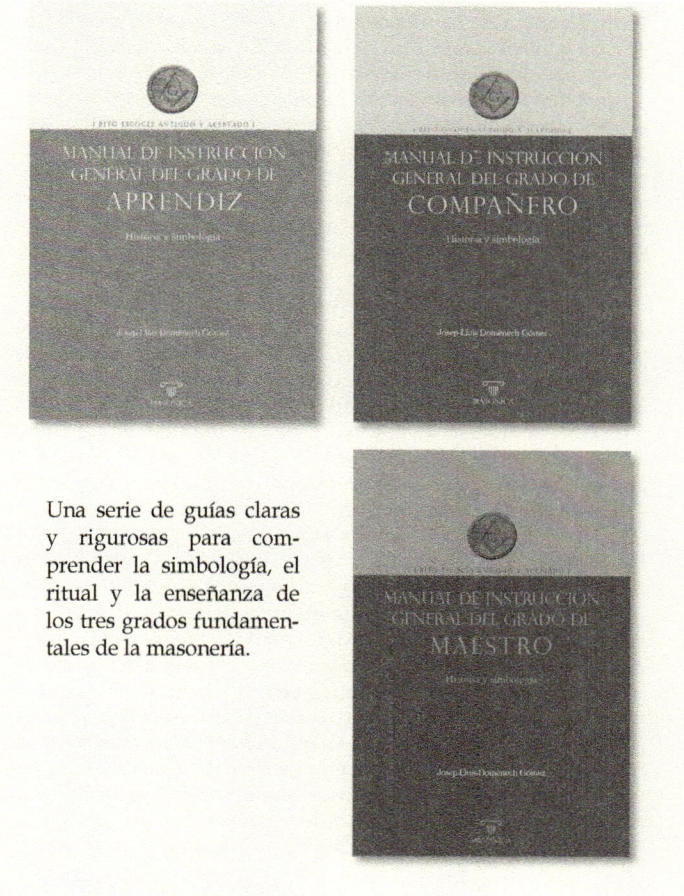

Una serie de guías claras y rigurosas para comprender la simbología, el ritual y la enseñanza de los tres grados fundamentales de la masonería.

---

[2] Ibidem, p. 20.

Pedro Hernández con sobrenombre «Guanir» es catedrático jubilado de Psicología en la Universidad de La Laguna, habiendo sido director del Instituto de Ciencias de la Educación de esta misma universidad durante diez años. Presidente electo del Consejo Escolar de Canarias durante tres legislaturas, profesor de primaria, doctor en Pedagogía, licenciado en Psicología y diplomado en Psicología Clínica y en Pedagogía Terapéutica. Psicoterapeuta durante varios años en el País Vasco; investigador y autor de varias obras publicadas en Madrid, Cataluña, País Vasco, Canarias, México, Portugal... Entre las que destacan *Los moldes de la mente* (2002), *Reprográmate* (2018), en Paidós del Grupo Planeta y *Ciencia y arte de la superación. Energías alternativas de la mente,* en Trillas, México (2020). Así mismo, es autor de conocidos tests psicológicos publicados por TEA, como *Tamai, Moldes* y *Tamadul.* También, de varios programas educativos de crecimiento personal y de desarrollo de valores, como *Piele, Piecap, Idafe.* En la vertiente de enseñar a pensar y a enseñar a vivir, ha publicado distintos libros, como: *Psicología y enseñanza del estudio* (Pirámide, 1991); *Enseñar a pensar: Un reto para los profesores* (Tafor Publicaciones, 1997); *Psicología de la educación, Corrientes actuales y teorías aplicadas* (México, Trillas, 1991); *Diseñar y enseñar* (Narcea, 1989,1995, 2001), *Educación del pensamiento y de las emociones* (Tafor, Narcea, 2005). Igualmente ha publicado varios artículos científicos sobre *educación socioafectiva, moldes mentales y valores* relacionados con el *rendimiento académico, deporte, inteligencia emocional, optimismo, bienestar subjetivo, adaptación,* etc. Su enfoque sobre los moldes mentales y la transformación personal ha tenido una especial traducción en su novela *El código oculto de la mirada,* donde utilizó por primera vez el seudónimo Guanir, que, posteriormente, tomó como sobrenombre. En una tercera vertiente divulgadora de su tierra, fue director de la enciclopedia *Natura y cultura de las Islas Canarias,* de la *Enciclopedia virtual de las Islas Canarias (GEVIC),* de los libros *Conocer Canarias* y *Descubrir y disfrutar de La Laguna.*

DESAFÍOS TECNOLÓGICOS EN LA EDUCACIÓN

LA INTELIGENCIA ARTIFICIAL

Pedro Hernández Guanir

LO IGUAL Y LO DISTINTO

Los problemas del paquete del regalo

La innovación tecnológica siempre ha sido un regalo complejo. Si bien puede ser una bendición, su envoltorio está lleno de cuestionamientos y temores, especialmente en sociedades conservadoras. En ellas predomina la robustez de lo propio y la desconfianza a lo distinto, aunque se perciba como un obsequio, prevalece la cautela ante la posibilidad de que sea un regalo envenenado o "Caballo de Troya".

Reacciones psicosociales a la novedad o innovación

Hay *admiración* hacia lo que es *novedoso*, pero también *suspicacia*, hasta el punto de *atribuir* cualquier mal hacia lo que es nuevo o distinto. Es el caso de las reacciones iniciales a la *nevera* o al *microondas,* que cualquier enfermedad era achacada a estos dispositivos. Antropológicamente, la atribución hostil es tan antigua como culpar de los males a la tribu enemiga (los *korowai*, pueblo papúa del sureste de Nueva Guinea Occidental, antiguos caníbales, que hacían responsables de la muerte de un ser querido al espíritu maligno de gente de una tribu enemiga y para reparar el mal, devoraban el cuerpo de uno de ellos) o a gente extranjera, como el asesinato de los balleneros vascos en mano de los islandeses.

DESAFÍOS TECNOLÓGICOS EN LA EDUCACIÓN
LA INTELIGENCIA ARTIFICIAL

Como todo cambio, la innovación genera resistencia debido a los hábitos establecidos, aunque la reacción varía según los estilos y estados personales La innovación, como todo cambio, provoca *resistencia,* debido a los hábitos creados, aunque la reacción puede variar según los estados y estilos personales.

Afrontar la novedad

Superar la resistencia inicial requiere un esfuerzo adaptativo. Pero, cuando la innovación responde a necesidades fundamentales (rueda, escritura, locomoción, etc.), pronto se asimila y automatiza, pasando a formar parte del bagaje cultural y tecnológico. Sin embargo, no todo lo nuevo es bueno y aunque lo fuera, se requiere un análisis detallado para considerar los *peligros colaterales, condiciones específicas* y *contraindicaciones,* como ocurre con los medicamentos.

OBJETIVOS

Este artículo explora el impacto de los avances tecnológicos y la inteligencia artificial en la educación, analizando sus retos y oportunidades:
1º ¿Cómo enmarcar la *evolución* de las tecnologías y de la conciencia?
2º ¿Cuáles son las *ventajas e inconvenientes* de las nuevas tecnologías?
3º ¿Qué hacer ante la *adicción a "las pantallas"*?
4º *¿Cómo usar y optimizar* las Tecnologías de la Información y la Comunicación (TIC) y la propia Inteligencia Artificial?

1. TECNOLOGÍA, EVOLUCIÓN Y CONCIENCIA

1º Tecnología: alargando vista y extremidades

Por tecnología entendemos los procedimientos y recursos elaborados por el ser humano, como extensión de su poder, para mejorar su adaptación y perfeccionamiento de la realidad. Desde la rueda hasta los satélites, desde la escritura a la televisión, desde el servicio de cartería a la inteligencia artificial, la tecnología amplifica nuestras capacidades para movernos, producir, crear, conservar o transmitir información. Es el reflejo del ingenio humano adaptándose y transformando su entorno.

2º La tecnología como producto directo de la inteligencia

La evolución tecnológica, desde las rudimentarias herramientas de caza hasta las redes globales de comunicación, es evidencia de la inteligencia humana canalizada hacia la transformación del entorno. Cada avance tecnológico actúa como un puente que facilita una vida más eficiente y adaptada a las nuevas realidades sociales

DESAFÍOS TECNOLÓGICOS EN LA EDUCACIÓN
LA INTELIGENCIA ARTIFICIAL

3° Impacto de la conciencia en el desarrollo tecnológico

Conciencia e inteligencia han sido esenciales en la creación de herramientas que mejoran la calidad de vida y amplían nuestras capacidades cognitivas y sociales. Desde el dominio del fuego hasta los complejos sistemas informáticos actuales, el progreso tecnológico refleja nuestra capacidad para imaginar y materializar ideas revolucionarias.

4° La conciencia como logro evolutivo

La conciencia es un estado avanzado de procesamiento de información que permite a los organismos analizar su entorno, tomar decisiones y aprender de sus experiencias.

La conciencia no surgió de la nada, sino que ha sido el resultado de una larga serie de adaptaciones evolutivas, favorecedoras de un procesamiento de información cada vez más complejo, una interacción social sofisticada y la creación de soluciones innovadoras para los desafíos del entorno.

Este fenómeno extraordinario ha emergido en la cumbre del proceso evolutivo. La conciencia ha permitido que el ser animal, reaccionando instintivamente a estímulos, como mero *'actor'* en el entorno, se convirtiera en *'espectador'* u observador crítico y creador o *'autor'* del mundo y de su propio destino. Así, ha sido capaz de analizar, prever, evaluar o reflexionar.

La conciencia hace que los individuos entiendan y predigan el comportamiento de otros. Facilita la cooperación y la formación de sociedades complejas. Aumenta las posibilidades de supervivencia, realización y expectación ante sí mismo y el mundo. Por otra parte, la conciencia ha permitido la capacidad de imaginar, crear y planificar a largo plazo a los seres humanos, desarrollando tecnología, arte y cultura.

5° Tecnología: motor clave de evolución humana

Desde las primeras herramientas de piedra hasta las máquinas avanzadas de hoy, la tecnología ha moldeado la evolución de la humanidad. En cada etapa histórica, ha sido un catalizador de progreso social, económico y cultural. Por ejemplo, la *revolución industrial del siglo XVIII*, con la invención de la *máquina de vapor* por James Watt, permitió la mecanización de los *procesos productivos*, revolucionando la agricultura, la minería y la industria textil. También, el crecimiento poblacional en torno a las ciudades, dando origen al *proletariado industrial.* Surgieron nuevas oportunidades de negocio y mercado, con la acumulación de riqueza, base del *capitalismo.* Ideológicamente, se produjo una interacción con la *Ilustración,* dando lugar al desarrollo del *Socialismo* y el *Positivismo filosófico,* y promoviendo la innovación y la eficiencia.

6° La tecnología y la conciencia

En el desarrollo humano, son dos caras de la misma moneda. Comprender la profunda interconexión entre *tecnología* y *conciencia* nos permite aprovechar los avances de manera responsable, potenciando sus beneficios y mitigando sus riesgos.

2. VENTAJAS E INCONVENIENTES DE LAS NUEVAS TECNOLOGÍAS

2.1 Ventajas

La tecnología ha sido determinante en el progreso y transformación de la humanidad, impulsando avances en todas las áreas de la vida. Las Tecnologías de la Información y Comunicación (TIC) han transformado la forma en que interactuamos, nos comunicamos y establecemos relaciones. Las *redes sociales, los teléfonos inteligentes y las plataformas de comunicación* han conectado al mundo de formas sin precedentes, pero también han planteado nuevos desafíos sociales y éticos.

La *Inteligencia Artificial y Robótica* están cambiando industrias enteras, desde la manufactura hasta la atención médica. La IA permite automatizar tareas complejas, analizar grandes volúmenes de datos y ofrecer soluciones innovadoras. En líneas generales, las nuevas tecnologías de la información y comunicación están redefiniendo la forma en que aprendemos, enseñamos e interactuamos. En el ámbito educativo, estas son algunas de las principales ventajas:

1. ACCESO ILIMITADO A INFORMACIÓN

La tecnología proporciona acceso inmediato a una cantidad impresionante de información, por ejemplo, a través de Google, Wikipedia, Webs diversas o Khan Academy, con recursos educativos interactivos y gratuitos. Esto permite ampliar las oportunidades de enseñanza y aprendizaje a estudiantes y profesores.

2. VARIEDAD DE HERRAMIENTAS Y FORMATOS EDUCATIVOS

Gracias a materiales multimedia, plataformas interactivas y cursos en línea, la educación se adapta a diferentes estilos de aprendizaje, haciendo el conocimiento más claro y accesible para todos.

3. FLEXIBILIDAD EN EL APRENDIZAJE

Las herramientas tecnológicas permiten a los estudiantes aprender a su propio ritmo y desde cualquier lugar, facilitando el aprendizaje personalizado y la educación inclusiva, es el caso de la enseñanza online.

3. Innovación en la enseñanza

La inteligencia artificial (IA) y la robótica optimizan procesos educativos mediante la personalización de contenidos, el análisis de datos y la automatización de tareas repetitivas. Esto ahorra tiempo y mejora la eficiencia.

2.2 Inconvenientes

Aunque las nuevas tecnologías han transformado la educación de manera positiva, también presentan desafíos significativos. Algunos de los principales inconvenientes surgen como consecuencia directa de las mismas ventajas:

Cantidad y rapidez informativa

- **Falta de fiabilidad**: La sobrecarga de información puede dificultar la distinción entre datos útiles y contenido erróneo o desinformado.
- **Superficialidad**: Existe el peligro de priorizar la cantidad sobre la calidad, lo que lleva a un aprendizaje más reproductivo que reflexivo.
- **Deshumanización**: La dependencia excesiva de herramientas tecnológicas puede despersonalizar la enseñanza, reduciendo la interacción humana.
- **Distracción y dependencia**. El uso constante de dispositivos puede fomentar la adicción a las pantallas y falta de concentración.
- **Falta de autenticidad en el aprendizaje**. Las herramientas digitales dificultan evaluar de forma confiable el trabajo individual de los alumnos.
- **Brecha digital**: No todos los estudiantes tienen acceso a la tecnología, lo que incrementa las desigualdades educativas.
- **Sobrecarga para los docentes**. Los profesores necesitan formación especializada para adaptarse al uso de nuevas tecnologías, lo que implica esfuerzo adicional y estrés.

Conclusión: Las nuevas tecnologías, que ofrecen un universo de posibilidades. requieren un uso estratégico y equilibrado. Es vital abordar los inconvenientes con políticas inclusivas, metodologías efectivas y formación especializada para maximizar los beneficios y minimizar los riesgos.

3. LA ADICCIÓN A "LAS PANTALLAS"

3.1 El problema

1º. Comportamientos adictivos a las pantallas

Se caracteriza por el uso compulsivo y excesivo de dispositivos electrónicos como teléfonos móviles, tabletas, computadoras y televisores. El diseño de muchas aplicaciones y juegos está orientado a fomentar el uso prolongado y repetitivo, lo que puede llevar a comportamientos adictivos y a la incapacidad de desconectarse. Este comportamiento puede interferir con la vida diaria, afectando negativamente tanto la salud física como mental de las personas.

2º. PREOCUPACIÓN DE LOS EDUCADORES POR LA DEPENDENCIA

El uso excesivo de pantallas de los más pequeños de la familia preocupa por ser muy vulnerables a la dependencia, al aislamiento y a la desconexión con el entorno, con efectos comparables a una adicción química. Este aislamiento y dependencia emocional de los dispositivos, además de estos problemas sociales y emocionales, conlleva problemas de salud y de otro tipo.

3º PROBLEMAS EN LA SALUD FÍSICA

- *Problemas de visión. El* uso prolongado de pantallas puede causar fatiga visual, sequedad ocular y problemas de visión a largo plazo.
- *Problemas posturales. Permanecer* en una misma posición durante mucho tiempo, especialmente con una postura incorrecta, puede llevar a problemas de espalda y cuello.
- *Sedentarismo. El* tiempo excesivo frente a pantallas reduce la actividad física, lo que *puede* contribuir a problemas de salud como la *obesidad.*
- *Interrupción del sueño.* La exposición a la luz azul de las pantallas antes de dormir puede interferir con los patrones de sueño, llevando a problemas como el insomnio y la falta de descanso adecuado.

4º PROBLEMAS EN LA SALUD MENTAL Y EN LA COMPETENCIA COGNITIVA

- *Aislamiento social.* El uso excesivo de dispositivos puede llevar a una reducción en la interacción cara a cara, afectando las habilidades sociales y provocando sentimientos de aislamiento.
- *Ansiedad y depresión.* La exposición constante a redes sociales y la comparación con los demás pueden aumentar los niveles de ansiedad y depresión en los jóvenes.
- *Multitarea y distracción.* Las pantallas a menudo fomentan la multitarea y las interrupciones constantes, lo que puede afectar negativamente la capacidad de atención y concentración de los estudiantes.
- *Reducción del tiempo de estudio.* El tiempo dedicado a las pantallas puede restar tiempo a actividades académicas y de aprendizaje, afectando el rendimiento escolar.

5º PROBLEMAS EN LA CONDUCTA MORAL Y DE VALORES

Exposición a contenido inapropiado. Los jóvenes pueden estar expuestos a contenido violento, sexual o inapropiado para su edad, lo que puede afectar su desarrollo emocional y ético.

- *Riesgos de seguridad*. Los niños y jóvenes pueden ser vulnerables a peligros en línea como el ciberacoso, el acoso sexual y la explotación.

3.2 ¿Qué hacer?

Estas preocupaciones de los educadores nos llevan a sugerirles un uso consciente y moderado de las pantallas, además de promover actividades alternativas:

1. **Establece límites claros, como** un *tiempo límite* para el uso de dispositivos electrónicos cada día. Los niños pequeños no deben pasar más de una o dos horas al día. Así como *Zonas sin tecnología* en la casa, como el comedor y los dormitorios, donde no se permitan dispositivos electrónicos

2. **Fomenta actividades alternativas**, como *Juegos al aire libre*, que les ayude a desconectarse de las pantallas; *lectura y creatividad*, que anima a los niños a leer libros, dibujar, pintar y participar en actividades creativas.

3. **Procura ser un modelo a seguir,** sin pues los niños tienden a imitar el comportamiento de los adultos y *pasa tiempo de calidad* con tus hijos haciendo actividades como juegos de mesa, paseos y conversaciones.

4. **Educa sobre el uso responsable,** manteniendo conversaciones abiertas. con tus hijos sobre los riesgos y beneficios del uso de la tecnología. Al tiempo que les enseña *habilidades digitales*, tal como a navegar en internet de forma segura, a evaluar críticamente la información y a utilizar las tecnologías de manera productiva.

5. **Crea rutinas estructuradas, por ejemplo:** *horarios definidos*, estableciendo rutinas diarias que incluya tiempo para el estudio, actividades físicas, tareas del hogar y tiempo libre sin pantallas. Establece *rituales de desconexión* de las pantallas, p.e.: una hora antes de dormir sin dispositivos electrónicos.

6. **Utiliza herramientas y aplicaciones de control parental**, para limitar el acceso a contenido inapropiado y el tiempo de uso de dispositivos y opta por *aplicaciones y programas educativos* que puedan enriquecer el aprendizaje en lugar de simplemente entretener.

7. **Involucra a los niños en la planificación** para aumentar su comprensión y aceptación: en la creación de las reglas y límites, permitiéndoles elegir entre las actividades sin pantallas para que sientan su control y autonomía.

4. SUPERACIÓN Y OPTIMIZACIÓN

4.1 La metodología adecuada y estrategias de cómo usar las nuevas tecnologías en la enseñanza, incluyendo a la IA

Hay muchas metodologías y estrategias efectivas. Tomando como referencia la *Revolución Industrial* mencionada en el apartado 5 del punto 1, destaco las siguientes estrategias:

A) FRENTE A LA SUPERFICIALIDAD Y FALTA DE FIABILIDAD

—Utiliza lo que yo llamo el *"Destripamiento"*, explicitando o "sacando lo que encierra algo". Por ejemplo: *¿Qué se entiende por proletariado industrial? O ¿Por qué la máquina es de vapor?*

B) FRENTE A LA REPRODUCCIÓN, COPIA Y MECANICISMO

—Utiliza lo que llamo el *"Rotondamiento"*, que consiste en generar, como desde una 'rotonda', distintas 'salidas' o perspectivas a partir de un mismo hecho, especialmente, local, familiar o personal, que no figura en textos oficiales. Por ejemplo: *¿Qué dispositivos hay en tu entorno local que sean productos de la Revolución industrial del siglo XVIII? O ¿Posibles transportes existentes antes de la Revolución industrial?*

C) FRENTE A LA INERCIA Y NO CREATIVIDAD

—Utiliza lo que llamo el *"Rastreo"*, que implica búsqueda de huellas o exploración de causas, similitudes y antecedentes. Por ejemplo: *¿Qué factores determinaron la Revolución industrial? O ¿Cuáles son los antecedentes de la Revolución industrial?*

—Utiliza lo que llamo el *"Centro de hipótesis"*, que implican supuestos y analogías. Por ejemplo: *¿Cómo sería la vida, es el caso de una tribu no civilizada, sin influencia de la Revolución industrial? O ¿Qué efectos técnicos y sociales podrían surgir de la Revolución de la Inteligencia artificial en similitud con la Revolución industrial?*

—Esto último está muy relacionado con *Aprendizaje Basado en Proyectos* (ABP), que requieren investigación, colaboración y aplicación práctica de conocimientos. Las tecnologías digitales pueden facilitar la investigación y la presentación de los proyectos.

—Así mismo, todas las estrategias que hemos señalado: *Destripamiento Rotondamiento Rastreo y, en especial, el Centro de hipótesis y Aprendizaje Basado en Proyectos* (ABP), pueden ser desarrollados cooperativamente, formando grupos de investigación y discusión en clase.

4.2 Sugerencia de otras estrategias conocidas

- **Aprendizaje Combinado** *(Blended Learning)*. Combina la enseñanza presencial con recursos y actividades en línea. Esto permite a los estudiantes aprovechar lo mejor de ambos mundos:

- **Clase Invertida** *(Flipped Classroom)*. Los estudiantes acceden a materiales de aprendizaje (videos, lecturas, etc.) en línea antes de la clase, y el tiempo en el aula se dedica a actividades prácticas, discusiones y resolución de problemas.

- **Gamificación.** Integra elementos de juego en el proceso educativo para motivar y comprometer a los estudiantes. Esto puede incluir puntos, niveles, insignias y recompensas por completar tareas y alcanzar objetivos.

- **Plataformas de Aprendizaje en Línea.** Utiliza plataformas como Moodle, Google Classroom o Microsoft Teams para organizar y distribuir materiales educativos, asignaciones y evaluaciones. Estas plataformas también permiten la comunicación y colaboración entre estudiantes y profesores.

- **Recursos Educativos Abiertos (REA).** Aprovecha los recursos educativos disponibles en línea de manera gratuita y abierta, como videos educativos, artículos, simulaciones y ejercicios interactivos. Esto puede enriquecer el currículo y proporcionar una mayor variedad de materiales de aprendizaje.

- **Tecnología para la Evaluación.** Utiliza herramientas digitales para la evaluación formativa y sumativa. Por ejemplo, cuestionarios en línea, rúbricas digitales, y software de análisis de datos pueden proporcionar retroalimentación inmediata y detallada.

- **Realidad Aumentada (RA) y Realidad Virtual (RV)**. Incorpora RA y RV para crear experiencias de aprendizaje inmersivas e interactivas. Estas tecnologías pueden ser particularmente útiles para enseñar conceptos abstractos, proporcionar experiencias prácticas y explorar entornos virtuales.

- Inteligencia Artificial

  —**Estimulación del Pensamiento Crítico.** Las herramientas de IA pueden plantear preguntas abiertas y casos prácticos que fomenten el debate y la discusión entre los estudiantes.

  —**Análisis de datos.** La IA puede facilitar el acceso a grandes volúmenes de datos que los estudiantes pueden analizar, interpretar y utilizar para respaldar sus argumentos y conclusiones.

— **Resolución de Problemas Complejos.** Las plataformas de IA pueden crear simulaciones y escenarios interactivos donde los estudiantes deban aplicar sus conocimientos

- Estrategias Adicionales

— *Capacitación y Apoyo a los Educadores.* Haz que los profesores reciban la formación y el apoyo para utilizar las nuevas tecnologías de manera efectiva.

— *Participación de las Familias.* Involucra a las familias en el proceso educativo y da orientación sobre cómo pueden apoyar el aprendizaje digital en casa.

— *Adaptabilidad y Flexibilidad.* Diseña programas y actividades que puedan adaptarse a diferentes niveles de habilidad y estilos de aprendizaje.

5. CONSIDERACIONES FINALES

Después de explorar el impacto de los avances tecnológicos y de la inteligencia artificial en la educación, considero que:

1º La *evolución* de la humanidad y, en concreto de la conciencia, ha ido correlacionando con el desarrollo de la tecnología, haciendo, a su vez, que esta impulsa un mayor conocimiento y desarrollo.

2º La *tecnología de la información,* incluida la IA, proporciona cantidad, variedad, flexibilidad, rapidez y estructuración informativa, así como la aportación de alternativas y soluciones. Aunque siendo conscientes de los posibles *inconvenientes* para el desarrollo educativo del estudiante, como la falta de reflexión y creatividad, pueden ser subsanados con estrategias específicas indicadas.

3º Del mismo modo, es fundamental establecer un plan educativo y familiar para prevenir y mitigar los efectos perjudiciales de la adicción a las pantallas.

4º Lo que se concluye de este estudio es que la tecnología, como todo medio, puede ser bueno o malo dependiendo de cómo se use. Por eso, hemos indicado un plan metodológico y de estrategias para saber *cómo usar y optimizar* las Tecnologías de la Información y la Comunicación (TIC) y la propia Inteligencia Artificial. Para ello, es imprescindible la formación apropiada del profesorado y la implicación de la familia.

6. FUENTES

Para una visión amplia y actualizada sobre los desafíos tecnológicos en la educación y el impacto de la inteligencia artificial

1. BASES EDUCATIVAS INSTRUCCIONALES

Pedro Hernández «Guanir» 2006. *Educación del pensamiento y de las emociones Psicología de la Educación* sección: V Enseñar Eficientemente. Coedición: Tenerife, Tafor Publicaciones, S.L. y Madrid, Narcea, S.A. de Ediciones

2. EVOLUCIÓN DE LAS TECNOLOGÍAS Y LA CONCIENCIA

Firuz Kamalov, David Santandreu Calong, *Ikhlaas Gurrib (2023) – New Era of Artificial Intelligence in Education: Towards a Sustainable Multifaceted Revolution (PDF) Challenges and opportunities of artificial intelligence in education in a global context*
Otros: Conscious Evolution: The Next Stage of Human Development
Towards Holistic Education: Synthesizing Personality Consciousness, Emerging Technologies, and Philosophical Considerations
Technologies that Enable Global Consciousness

3. VENTAJAS E INCONVENIENTES DE LAS NUEVAS TECNOLOGÍAS

Stefania Giannini (2023) – *Generative AI and the Future of Education (PDF) Challenges and opportunities of artificial intelligence in education in a global context*
Otros: *12 Advantages and Disadvantages Of Technology in Education*
Technology in education: GEM Report 2023 - UNESCO
Technology might be making education worse | Stanford Report

4. ADICCIÓN A LAS PANTALLAS Y SOLUCIONES

PROMPTAI ACADEMY (2023*) – Challenges and opportunities of artificial intelligence in education in a global context (PDF) Challenges and opportunities of artificial intelligence in education in a global context*
Otros: *ScreenStrong Prevention Guide*
4 Ways to Help Your Child Overcome Screen Addiction
How Nature-Based Therapy Helps Teens Overcome Screen Addiction

5. OPTIMIZACIÓN DE LAS TIC Y LA INTELIGENCIA ARTIFICIAL EN EDUCACIÓN

Xiaoming Zhai, Knut Neumann, Joseph Krajcik (2023) – *AI for Tackling STEM Education Challenges* Frontiers | Editorial: AI for tackling STEM education challenges
Otros: *OECD Digital Education Outlook 2023*
Promoting the Integration of AI-Based Tools in Education Through ICT Foundations
Artificial intelligence in higher education: the state of the field

Pedro Hernández-Guanir

REPROGRÁMATE

Cómo cambiar tus moldes mentales,
lograr el control de tus emociones
y mejorar tu vida

PAIDÓS

Una invitación al autoconocimiento
profundo y a la transformación personal mediante el poder de la mente y la
reprogramación emocional

El mayor catálogo del mundo
de libros de masonería
en castellano.

Autores actuales
Estudios históricos
Obras clásicas
Libros prácticos
Literatura y arte
Trabajos biográficos
Obras institucionales
Rituales
Tradición hermética
Guías históricas
...

(más de 600 obras publicadas)

MASONICA
Ediciones del Arte Real

Pere Sánchez Ferré, es Doctor en Historia Moderna y Contemporánea por la Universitad de Barcelona (1988). Miembro fundador del Centro de Estudios Históricos de la Masonería Española (1984). Ha impartido cursos en varias universidades sobre historia de la masonería, sus doctrinas y su lenguaje simbólico. Algunos sus libros publicados son: *La maçoneria a la societat catalana del segle XX. 1900-1947*, Edicions 62, Barcelona, 1993; *El caballero del oro fino. Cábala y alquimia en el Quijote*, MRA ediciones, Barcelona 2002; *La masonería y los masones españoles del siglo XX. Los pasos perdidos*, MRA ediciones, Barcelona, 2012; *La masonería. Símbolos, doctrinas e historia*, Ediciones Idea, Santa Cruz de Tenerife, 2015; *El alma, el espíritu y el sentido. Las mutaciones del lenguaje en la espiritualidad occidental*, Olañeta Editor, 2016. Igualmente, ha publicado más de 40 trabajos sobre historia de la masonería, la tradición iniciática y el hermetismo.

FRANCISCO FERRER GUARDIA
Y LA MASONERÍA

Pere Sánchez Ferré

Masonería, librepensamiento
y lerrouxismo en Cataluña

Para comprender el fenómeno anticlerical, tan arraigado en nuestro país, que en Barcelona culminó con los sucesos de la llamada Semana Trágica, debemos saber que la lucha contra el catolicismo y su omnipresencia en la sociedad de los países latinos era común en todos los sectores progresistas. En España, el mismo estado liberal hacía anticlericalismo con la desamortización de Mendizábal (1836-1837), a la que siguieron las de Espartero (1841) y Madoz (1854-1856), que supusieron la exclaustración de todas las órdenes monásticas, su expropiación y venta, también las del clero secular.

Este proceso supuso el ataque más importante contra la Iglesia en su historia. Había que sanear la Hacienda estatal, modernizar el Estado y acabar con los vestigios del Antiguo Régimen, sí, pero también había que acabar con el poder de la Iglesia.

El modelo siempre fue Francia, a la que emulaban los progresistas y anticlericales españoles. De las nuevas doctrinas anticlericales y antirreligiosas nació el movimiento librepensador en Francia, cuyo modelo exportó rápidamente a los países latinos: España, Italia y Portugal, sin olvidar a Bélgica, siempre adelantada en la lucha contra el catolicismo.

El movimiento librepensador nació en la segunda parte del siglo XIX en Francia para defender las libertades y luchar contra la presencia de la Iglesia Católica en la sociedad. Y encontró en la politizada masonería gala un aliado importante, y en muchos casos un actor principal, pues muchos de los centros y sociedades librepensadoras fueron creados por masones, así como la prensa librepensadora, furiosamente anticlerical y antirreligiosa.

Este es el modelo que siguieron la mayoría de organizaciones masónicas en la España de entre siglos, pero aquí nos interesa especialmente el caso de la Gran Logia Simbólica Regional Catalana Balear, creada en 1886 por el filántropo, librepensador republicano y catalanista Rossend Arús.

Un gran número de masones españoles era muy sensible al llamado problema clerical, pues Roma venía condenando a la masonería desde 1738. Por lo que muchos de esos hermanos estaban claramente decididos a politizar la Orden en beneficio de las libertades civiles y de la lucha contra la Iglesia católica. Era lo que había hecho la masonería francesa del Gran Oriente de Francia, modelo de todos ellos. Este fenómeno es manifiesto especialmente de la Gran Logia Simbólica Regional Catalana Balear, siempre más radical e inclinada a las pasiones anticlericales que el Gran Oriente Español, la obediencia hegemónica en España hasta la Guerra Civil.

En 1902 se celebró en Ginebra un Congreso Universal del Librepensamiento, al que enviaron representantes el Gran Consejo General Ibérico y su Gran Logia Simbólica Española. También se había adherido el Gran Oriente de Francia, el de Bélgica y el de Italia. El Gran Consejo del GOE envió a los hermanos Odón de Buen –que hacía años residía en Barcelona– y Adolfo de Maglia, otro masón destacado de la capital catalana.[1]

Mucho más concurrido fue el Congreso librepensador de Roma, celebrado en 1904, al que hubo miles de adhesiones españolas, que *Las Dominicales del Libre Pensamiento* (revista de Madrid) publicaron en sus páginas. Asistieron al congreso 100 delegados españoles, es de suponer que la mayoría masones, con la participación del GOE y la Gran Logia Simbólica Regional Catalana Balear. La delegación más numerosa fue la catalana, en la que figuraba Francisco Ferrer Guardia en representación de la Escuela Moderna, y Francisco Esteva Bertrán, que unos años después sería Gran Maestro de la Gran Logia Española. Entre los representantes madrileños estaba Fernando Lozano y Ramón Chíes, de *Las Dominicales del Libre Pensamiento*, así como Belén Sárraga y Odón de Buen.[2]

En este congreso destacó el sector libertario, que propuso la supresión de la Iglesia y del Estado. El anarquismo se afianzará progresivamente en el movimiento librepensador europeo, a la vez que, en España, el Gran Oriente Español y la masonería más moderada políticamente se irá alejando del movimiento.

Al año siguiente se celebró un nuevo congreso en París, con aún más participación, claramente impulsado por el G.O. de Francia; España aportó 56 delegados; Francia, 1455.[3]

---

[1] Véase el trabajo pionero de Pedro Álvarez Lázaro, *Masonería y libre pensamiento en la España de la Restauración*, Universidad Comillas, Madrid, 1985, pp. 219 y ss.

[2] *Fédération Internationale de la Libre-Pensée. Congrès de Rome, Compte Rendu Officiel*, 1904, pp. L-LII.

[3] *Op. cit.*, p. 228.

FRANCISCO FERRER GUARDIA Y LA MASONERÍA

La irrupción del lerrouxismo

Con el nuevo siglo, Cataluña asiste a un fenómeno político nuevo: el republicano y masón Alejandro Lerroux. iniciado –según él mismo dijo– en la logia *Antorcha* de Madrid, en los años ochenta del siglo XIX,[4] se instala en Barcelona en 1898. Este personaje crea una forma nueva de hacer política, capaz de organizar un verdadero movimiento popular, convirtiendo al sufragio a las bases ácratas o anarquizantes, tan importantes en el Principado, pero siempre reacias hasta ahora a participar en el juego político. El caudillo republicano sabe jugar magistralmente al equívoco, se sitúa por encima de partidos, ideologías y banderías, no admitiendo otro calificativo que el de revolucionario; estamos ante un nuevo populismo radical, republicano, de barniz anarquizante y rabiosamente anticlerical, pues el combate contra el catolicismo removía más conciencias que el republicanismo o la acracia, y exaltaba las pasiones necesarias para sacar a las clases populares a la calle. Como escribe Romero Maura, Lerroux «no necesitaba traductores, ni pareció entre los trabajadores una mercancía de importación».[5]

Las clases populares, descristianizadas a partir del Sexenio Democrático por líderes y elites intelectuales, asimilaron con facilidad los nuevos mesianismos secularizados: el anarquismo y el socialismo, ambas ideologías imbuidas de anticatolicismo y también de anti-religiosidad. En su discurso, la revolución no sería posible si no se destruía también a la religión, y en particular al catolicismo.

Los sectores más implicados en la política militante se habían formado en el mitin, en las tertulias de ateneo y en la lucha obrerista, en los que la retórica más exaltada configuraba las actitudes, el pensamiento y la acción de ese radicalismo sociológico en el que confluían republicanos, anarquistas y socialistas. No olvidemos que, nuestro país, el mismo lenguaje popular estaba impregnado de fuertes expresiones anticlericales y anti religiosas.

El populismo republicano tenía en el anticlericalismo el tema preferente de sus discursos y de su prensa, junto con la reivindicación de la república. En los centros republicanos eran común la celebración, los viernes santos, de cenas de promiscuación en las que hacía burla del catolicismo, del clero y de la religión.

Y si nos referimos a la masonería, los hermanos y logias de tendencia librepensadora, desde los años ochenta del siglo XIX celebraban esas cenas de

---

[4] Véase Amparo Guerra Gómez, «Alejandro Lerroux: la masonería como oportunidad», *La masonería en la España del siglo XX*, Universidad de Castilla-La Mancha, Toledo, 1996, vol. I, pp. 273-274; José A. Ferrer Benimeli, *Jefes de gobierno masones*, La esfera de los libros, Madrid, 2007, pp. 210-212.

[5] Joaquín Romero Maura, *La Rosa de Fuego*, ed. Grijalbo, Barcelona, 1975, p. 115.

promiscuación en que se hacía igualmente burla del catolicismo, del clero y de la religión.[6]

Y en cuanto al anticlericalismo republicano de Lerroux, éste coincidía con los postulados del librepensamiento, con la ventaja de que no necesitaba definiciones ideológicas, de manera que facilitaba el objetivo de constituirse en una plataforma unitaria privilegiada en la que cupiese todo el abanico progresista de la sociedad. Para formar parte de movimiento bastaba con profesar la pasión anticlerical. El debate ideológico era muy escaso, pues lo que primaba era la lucha, la praxis, lo cual se tradujo en gran número de mítines, campañas de prensa y manifestaciones que a menudo toman las calles de la ciudad. El enemigo es común a anarquistas, republicanos y masones: la Iglesia y el Estado monárquico de la Restauración. Actuaban a partir de lo que les unía, y no de lo que les separaba, que no era poco.

Republicanismo y anticlericalismo eran también los principios políticos de la G.L. Regional Catalana Balear, cuyos dirigentes del siglo XIX habían impulsado el movimiento librepensador en Cataluña, de manera que la acción política masónica se basaba en este movimiento, que tan fácilmente se identificaba con el populismo anticlerical lerrouxista. Rápidamente los hombres de la Catalana Balear congeniaron con Lerroux y la mayoría de sus dirigentes se unieron o colaboraron con el partido radical, entre ellos su Gran Maestro Eugenio Labán, Pau Isart Bula, José Jorge Vinaixa, Eladi Gardó, José Puig d'Asprer y Santiago Valentí Camp. Sin olvidar al viejo luchador Cristóbal Litrán, alma del librepensamiento desde finales del siglo XIX y secretario de Ferrer Guardia.

Éstos y otros masones se integraron con naturalidad en el republicanismo radical, haciendo masonería librepensadora y republicana en su seno. También ayudó a esa entente el hecho de que, al iniciarse el siglo, la Catalana Balear abandonó su catalanismo en aras de un federalismo algo difuso y apartado del catalanismo burgués y católico, en perfecta sintonía con el movimiento librepensador, mucho más inclinado, como la masonería, al cosmopolitismo. En parte, fue la impronta católica del nacionalismo político catalán lo que alejó a los masones del entonces llamado «regionalismo». Lerroux, por su parte, era enemigo declarado del catalanismo.

Y fuera de Cataluña, no está de más referirnos al estreno de *Electra*, de B. Pérez Galdós, en enero de 1901 en Madrid, y en el mes de marzo en Barcelona, pues despertará muchas más pasiones que el republicanismo o la acracia; mientras, en el Parlamento, Canalejas pedía poner coto a los clericales. En Madrid hubo altercados importantes y Barcelona no quedó atrás; ya antes del estreno de *Electra*, los ánimos anticlericales estaban muy encendidos y se

---

[6] Véase Pere Sánchez Ferré, *La maçoneria a Catalunya (1868-1947)*, Clavell Cultura, Premià de Mar, 2008, vol. I, pp. 110 y ss.

había celebrado el acto anticlerical más importante hasta entonces, en la plaza de toros Monumental de Barcelona, que reunió a unas 12.000 personas. Entre los parlamentos, todos muy exaltados, el del lerrouxista Eleuterio Chico provocó particularmente las iras de los asistentes, asegurando que un caso similar al relatado en *Electra* se estaba llevando a cabo en la sede de los jesuitas de la calle Caspe. A la salida del mitin, la muchedumbre intentó asaltar las dependencias de la Compañía de Jesús y el 1º de mayo fue asaltada la escuela marista del barrio barcelonés de Sant Andreu.

La pieza teatral de Pérez Galdós fue todo un fenómeno social: aparecieron relojes *Electra*, pastillas *Electra*, y *Electra* era el nombre del portavoz del grupo que formaban Azorín, Ramiro de Maeztu y Pío Baroja.[7]

Lerroux cultivó un exaltado anticlericalismo en beneficio de sus objetivos políticos, y los masones de la Catalana Balear apoyaron esa aventura peligrosa, hecha de demagogia, exabruptos y simplificaciones que culminó en los sucesos de la Semana Trágica, en julio de 1909. Incluso un sector de la pequeña burguesía republicana era sensible a este discurso inflamado.

En diciembre de 1901 la Regional Catalana hará una solemne declaración de principios a favor de la ciencia, del laicismo y de la fraternidad universal. Además, afirma que la «Internacional negra» se opone al progreso de la humanidad y de la masonería, y que la «Orden Jesuítica, que forma la guardia pretoriana del vice-Dios del Vaticano», es la que desempeña el papel más importante.[8]

Eran los nuevos aires profanos que invadían las logias de política radical y anticlerical. Cuando, en las elecciones municipales del mes de noviembre de ese año, salieron elegidos concejales los masones republicanos Odón de Buen, José Mª Serraclara, Juan B. Salas Antón, Clemente Selvas y el doctor Rafael Rodríguez Méndez, la masonería militante creyó que esta primera victoria se había gestado también en sus logias y no sólo en las sedes de los partidos políticos republicanos, que consiguieron presentarse unidos. Y como corolario, el hermano Rafael Rodríguez Méndez, amigo de los republicanos de Lerroux y conocido por su anticlericalismo, fue nombrado rector de la Universidad de Barcelona, tomando posesión del cargo el 20 de noviembre.[9] Era miembro de la logia *Constancia*, del barrio de Gracia, una logia política en la que también estaba afiliada la republicana y gran impulsora del feminismo catalán y español, Ángeles López de Ayala.

---

[7] Pere Sánchez Ferré, *La masonería y los masones españoles del siglo XX. Los pasos perdidos*, mra ediciones, Barcelona, 2012, pp. 21-22.

[8] *Boletín Oficial de la Gran Logia Simbólica Regional Catalana Balear*, nº 20, junio de 1902, pp. 10-11.

[9] Centro Documental de la Memoria Histórica (Salamanca, en adelante CDMH), Leg. 611 A, 1.

Unos meses antes, la Catalana Balear había distribuido una circular en la que se recomendaba votar «al candidato liberal que más arraigada tenga sus opiniones anticlericales».[10]

Por entonces, el GOE sólo contaba en Cataluña con una logia, la veterana *Lealtad,* fundada en 1869, siempre alejada del extremismo y del intervencionismo directo en política.

La logia *Cataluña* celebró la fiesta solsticial de este año brindando por «la implantación en breve de la república» y al acabar el acto masónico, los asistentes se dirigieron al círculo republicano El Pueblo para continuar la fiesta, lo cual fue publicado en el boletín oficial de la Catalana Balear, que no tenía reparo alguno en mostrar su participación directa en la política.[11] En unas circulares oficiales de la obediencia, se declara que los masones tienen el «deber de influir en la regeneración moral, intelectual, política, social, religiosa de los pueblos, de una manera activa y decisiva; por consiguiente, nuestra opinión es favorable a la intervención masónica en el progreso político y religioso del país».[12]

Este será el posicionamiento de la Catalana Balear, convertida en 1921 en Gran Logia Española, hasta la guerra civil: la masonería debía intervenir en la política española, aunque ello contraviniera todos los principios tradicionales de las Orden que, por otra parte, no importaba demasiado a la mayoría de sus miembros, con la excepción de algunos teósofos y ciertos hermanos tradicionales alejados de la política.

Ferrer Guardia, la masonería y la Semana Trágica

Ferrer Guardia fue iniciado en la logia *Verdad* de Barcelona (del GO de España), en 1883, y escogió como nombre simbólico *Zero.* Era una logia nutrida por destacados republicanos federales como Rossend Arús, Pelayo Massanet y Simón y dirigentes de la masonería como Agustín Trilla y Alcover y Gil Vilasau Anglada. A los recién iniciados en esta logia, se les hacía jurar que jamás traicionarían políticamente a ningún hermano del taller.[13] Al año siguiente Ferrer ya era grado tercero, pero en 1885 se exilió en París, donde no se afilió a ninguna logia hasta 1890, año en que se incorporó a *Les Vrais Experts,* del GO de Francia, en la que pronto se convirtió en un hermano muy activo que ascendía de grado con la misma rapidez que lo hacían entonces muchos hermanos españoles; al año siguiente ya era grado 18°, en

---

[10] *Boletín Oficial de la Gran Logia..., op. cit,* nº 14, abril de 1901, p. 2.

[11] *Op. cit.,* nº 27, julio de 1903, pp. 9-10.

[12] *Op. cit.,* nº 53, agosto de 1906, p. 2.

[13] CDMH, Leg. 619, 14.

1893, grado 30° y en 1897, grado 31°. Ferrer tenía compromisos importantes con la masonería francesa y no con la española.

De vuelta a España, el creador de la Escuela Moderna no se afilió a ninguna logia del país, aunque mantuvo relaciones cordiales con la Catalana Balear, a la que pertenecían –ya lo hemos visto– lerrouxistas y el mismo Alejandro Lerroux, quien asistió, en 1904, a una tenida de la logia *Redención* de esta Obediencia. Tal vez también Ferrer acudía a alguna de ellas, pues era una logia completamente politizada y todos tenían allí muchos amigos.

Si las relaciones del pedagogo con la Catalana Balear eran buenas, no era así con el GOE. Cuando Mateo Morral, que trabajaba para Ferrer Guardia en la editorial de la Escuela Moderna, atentó contra el rey Alfonso XIII (31 de mayo de 1906), el boletín oficial de esta obediencia publicó en su primera página una condena contundente del intento de regicidio, afirmando que la masonería estaba obligada por sus principios a respetar la legalidad y las instituciones vigentes en el país. Sin embargo, el 28 de noviembre Morayta escribió al Gran Maestro del GO de Francia para pedirle que se valiera de su influencia en favor del pedagogo español y que el GOE haría todo lo posible para ayudar al «hermano Ferrer».[14]

A pesar de este doble discurso, desde luego que el GOE jamás defendió o justificó a Morral,[15] como tampoco a Ferrer Guardia cuando en 1909 fue detenido a raíz de los hechos de la Semana Trágica, aunque después de su ejecución se incorporara al interesado flujo masónico que lo convertiría en un héroe.

Contrariamente, la Catalana Balear sí salió en defensa de Ferrer al ser acusado de complicidad con Morral. En una nota oficial, esta obediencia afirmaba que el pedagogo era víctima de la «más asquerosa persecución jesuítica e inquisitorial» y que Morral no tenía cómplices, pues estaba capacitado «para llevar a la práctica su ideal fatal sin menester el apoyo de nadie». Finalmente, la nota defiende la inocencia de Ferrer y «pide a todos los hombres libres de todos los países y a todas las entidades progresivas y humanitarias que patrocinen a un inocente y lleven al ánimo de la justicia histórica la persuasión de que el hecho de Dreyfus no puede repetirse con Ferrer».[16]

Sobre Ferrer Guardia y su Escuela Moderna se han escrito muchas páginas y algunos autores creen ver en su ideario ciertas influencias masónicas, lo cual es difícil de sostener, en primer lugar porque no existe una pedagogía masónica, sino que los pedagogos masones han elaborado y aplicado sus sistemas de acuerdo con su ideología o su filosofía de la educación. Lo que Ferrer realizó en su centro escolar, fundado en 1901, es un sistema basado en el

[14] Véase José A. Ferrer Benimeli, «Francisco Ferrer y Guardia et La Franc-maçonnerie espagnole», *La Pensée des Hommes* n° 79-80, Bruselas, 2010, pp. 150-151.
[15] *Boletín Oficial del GOE*, n° 170, 27 de junio de 1906, pp. 85-86.
[16] *Boletín Oficial de la GLSR Catalana Balear*, n° 55, enero de 1907, p. 2.

laicismo y la coeducación de clases, incorporando un conjunto de elementos didácticos y materiales de lo que en la época se consideraba pedagogía progresista.[17] Están fuera de dudas las innegables cualidades de su sistema, pero también es cierto que estaba contaminado de dogmatismos en temas como el anticlericalismo y las desigualdades sociales. Y algunos de sus libros de texto eran panfletarios, al estilo de los del cuento del anarquista individualista G. M. Paraf-Javal, *Las dos judías*, donde «Jamalajá Telabusques, ladrón y explotador, triunfa, y Mustafá Salsipuedes muere de hambre y de honradez, como conviene y exigen los sagrados principios de patria, propiedad, familia y religión de nuestros padres».[18] Estos principios estaban muy alejados de los que postulaba la masonería, siempre tendente a conciliar intereses antes que a contraponerlos.

Puestos a buscar un pedagogo de claras afinidades con la Orden, podríamos citar al masón aragonés Fabián Palasí Martín, simbólico «Pericles», iniciado en la logia *Almogávares* de Zaragoza y director de la revista masónica *La Acacia*, de la capital aragonesa, a finales del siglo XIX.[19] En 1896 ganó la plaza de profesor de la Institución Libre de Enseñanza de Sabadell, la única de Cataluña. Según Palasí, los métodos de Ferrer eran dogmáticos e incitaban al odio y no al amor y a la tolerancia; este pedagogo masón afirma que la «escuela neutra, la escuela laica, no ha de ser anticatólica, ni antimonárquica, ni anti nada. Ha de ser simplemente escuela civil, como la denominó nuestro diputado Pi y Arsuaga».[20] La escuela regentada por Palasí estuvo sometida a un sinfín de presiones por parte del sector escolar ferrerista, hasta el punto de que tuvo que dimitir como director.

Cuando estallaron los disturbios de la Semana Trágica, las logias catalanas abandonaron inmediatamente su actividad, por el temor confesado de que la policía las implicara en la revuelta. El GOE, que en su Gran Asamblea anual de mayo de 1908 había decidido llevar a cabo una campaña contra el proyecto de ley antiterrorista, ignoró por completo los hechos de julio de 1909. El boletín oficial de la Catalana Balear no reapareció hasta finales de noviembre de aquel año, publicando una nota en la que salía al paso de las acusaciones

---

[17] Véase las obras de Buenaventura Delgado, *La Escuela Moderna de Ferrer y Guardia*, CEAC, Barcelona, 1979; Pere Solà, *Francesc Ferrer i Guardia i l'Escola Moderna*, ed. Curial, Barcelona, 1978, Jordi de Cambra Bassols, *Anarquismo y positivismo. El caso Ferrer*, Centro de Investigaciones Sociológicas, Madrid, 1981; VVAA, *Maçoneria i educació a Espanya*, Fundació Caixa de Pensions, Barcelona, 1986, entre otras.

[18] Buenaventura Delgado, «Lliure pensament i educació a Catalunya a la primera del segle», en *Maçoneria i educació a España*, p. 233. Algunos opúsculos de aritmérica de Paraf-Javal fueron traducidos por la editorial de la Escuela Moderna.

[19] J. A. Ferrer Benimeli, *La masonería en Aragón*, Librería General, Zaragoza, 1979, vol. I, p. 206.

[20] Buenaventura Delgado, *op. cit*, p. 231. Francisco Pi y Arsuaga, hijo de Francisco Pi y Margall, era masón.

de la derecha más reaccionaria, que pretendía responsabilizar a la masonería de los sucesos de julio. Pero fiel a su estilo, reivindicaba la caída del gobierno conservador de Maura:

> Ha bastado una pequeña indicación para que se demostrara la eficacia de la Solidaridad mundial masónica y, tomando pie de la irracional condena y ejecución de Ferrer Guardia, levantaron nuestros hermanos el grito de ¡Abajo el fanatismo clerical!, causando la caída de la comunidad jesuítica gobernante en España.[21]

No deja de ser paradójico que la misma masonería –aunque aquí sea sólo una parte de ella– alimentara los esquemas complotistas de sus enemigos seculares, sugiriendo que, efectivamente, existía un centro masónico mundial que promovía o hacía caer gobiernos moviendo la trama secreta de sus poderosas influencias. Una vez más –y no será la última– se repite la historia, y una acusación del enemigo es convertida en una reivindicación. El mismo Cambó dirá en sus memorias que «la masonería internacional tomó el asunto con el más grande entusiasmo».[22]

Cabe recordar, no obstante, que el grueso de la nómina masónica catalana profesaba un anticlericalismo que no iba más allá del ámbito escolar, de luchar en aras de la secularización de la sociedad o de asistir al mitin dominical, aunque entre los partidos, el republicano de Lerroux era el que más masones contaba en sus filas, y allí sí que había radicalismo anticlerical. Masones eran Emiliano Iglesias, Rafael Guerra del Río, jefe de los Jóvenes Bárbaros, Eladio Gardó, que en 1906 era el presidente de la Federación de Sociedades Librepensadoras de Cataluña, José Mª Serraclara, José Jorge Vinaixa, elemento destacado del sector más radical del lerrouxismo, miembro de la logia *Adelante*, como Lerroux, teniente de alcalde en el ayuntamiento de Barcelona en 1910, y futuro dirigente de la Catalana Balear. Y Cristóbal Litrán, secretario de Ferrer, un masón veterano y muy activo, que tiene muchos contactos y muy diversos, que siempre está presente en los momentos importantes, pero que raramente figura en la primera plana y en las fotografías. Como líder del librepensamiento forma parte de las redes de sociabilidad y solidaridad que configuran el poder republicano radical en Barcelona. Desgraciadamente, el discreto Litrán no dejó escritas sus memorias, por lo que no disponemos más que de algunos artículos publicados en el diario *El Progreso* de Barcelona, con el epígrafe de «Fragmentos de un libro inédito», que citan todos los historiadores que se han ocupado de la Semana Trágica.

Finalmente, tenemos a Francisco Ferrer Guardia, quien un año antes se había declarado «republicano-comunista» en París[23], y en 1902 había escrito

[21] *Boletín Oficial de la GLSR Catalana Balear*, nº 63, noviembre de 1909, p. 2.
[22] Francesc Cambó, *Memòries*, Barcelona, 1976, p. 173.
[23] *El Progreso*, 29 de agosto de 1908 y 13 de octubre de 1910, p. 1.

en *La Huelga General* (financiada por él en la capital francesa), con el seudónimo «Cero»: «¿Habrá sangre? Sí, mucha».[24] Pero a pesar de declaraciones como ésta, lo cierto es que Ferrer resulta excesivamente contemporizador con el republicanismo burgués y, al mismo tiempo, demasiado anarquizante para los republicanos. Queriendo abarcar e implicar a los dos sectores, todos acabarán desconfiando de él. Una vez dijo que era «un soldado de Lerroux», pero dijo tantas cosas, y a veces tan contradictorias, que con lo que dijo y escribió es imposible elaborar un sistema de pensamiento coherente.

Cuando Ferrer fue detenido, la masonería no movió un solo dedo en defensa del creador de la Escuela Moderna, aunque pasado el peligro de la represión, masones y profanos se apresuraron a reivindicar su figura de mártir de la libertad, quien, como ídolo muerto era mucho más útil a la causa masónica y a la del republicanismo que como protagonista vivo. Los mitos florecen en la medida de su utilidad y Ferrer pasó a serlo porque servía para atacar a la monarquía y al conservadurismo político, que había permitido la ejecución del pedagogo, y también a la Iglesia, acusada de ser la instigadora de la sentencia de muerte, aunque el Papa había pedido su indulto. Y así fue como un pedagogo nada brillante –pues había muchos como él en Barcelona– se convirtió en un modelo a imitar, siendo colocado a la altura de Pestalozzi y de los mejores educadores del mundo. Los anarquistas hicieron el panegírico de su figura acentuando sus elementos ácratas, y los republicanos, su republicanismo. Los librepensadores lo convirtieron en el gran mártir del movimiento, loado repetidamente en todos los congresos que celebrarán a partir de ahora. Finalmente, los masones contaron con un mártir más, y «el hermano Ferrer» mereció que, al cabo de pocos años, se fundaran logias que llevaban su nombre. Poco después de su muerte, ya aparece en la documentación masónica hermanos que escogen como nombre simbólico el de Ferrer, y nadie quiere recordar que, en 1907, ningún abogado republicano quiso defenderlo en el juicio que lo implicaba en el atentado de Morral contra el rey.

Cristóbal Litrán, que después será también uno de los grandes enaltecedores de Ferrer y su obra, tuvo un papel ambiguo durante el juicio que le condenó a muerte. El veterano masón, dirigente de la Casa del Pueblo y secretario suyo, mantenía estrechas relaciones con el centro radical del Poblenou (barrio popular barcelonés), de donde al parecer salió la iniciativa de asaltar el patronato de San José, la escuela marista del barrio. Litrán había preparado las reuniones entre Ferrer y los dirigentes radicales el 26 de julio y sabía muchas cosas que nunca quiso decir.

En el plano internacional, la ejecución de Ferrer causó un gran impacto, gracias a la masonería latina europea y al sector más radicalizado del libre-

---

[24] *La Huelga General*, II, nº 6, París, 5 de enero de 1902.

pensamiento; mientras, la Orden en España permanecía callada. Los actos en su memoria se multiplicaron y consiguieron dar la impresión de que media Europa e Hispanoamérica clamaban contra la injusticia del gobierno español y contra la monarquía.[25] Los bien intencionados masones y librepensadores de Europa y América, con sus campañas pro-Ferrer, se convirtieron en los defensores más mal informados de unos sucesos muy complejos. Desde luego, parece claro que Ferrer fue cabeza de turco y su muerte satisfizo o al menos calmó los deseos de reparación o de venganza del catolicismo y de la derecha más reaccionaria.

En la Europa de primeros del siglo XX, había una gran sensibilización contra el sistema político y social imperante en España y las críticas más duras iban dirigidas contra la Iglesia. A raíz de su primera detención, Ferrer fue defendido por la prensa anarquista (Fernando Tarrida del Mármol, en las páginas de *Freedom* y el *Daily Mail*), quien presentaba los sucesos como la lucha del catolicismo contra la libertad.[26] Ya desde estos momentos se aprecia una disociación y una valoración muy diferentes entre los comités pro-Ferrer en Europa y la actitud del grueso del republicanismo y de la masonería españoles. «Ignominia de las ignominias», decía el anarquista Charles Malato al saber que el Gran Maestro del GOE, Miguel Morayta, recomendaba a los masones italianos que no secundaran la compaña a favor del pedagogo cuando éste fue detenido y ajusticiado en 1909.[27]

Mientras el Comité de Defensa de las víctimas de la represión española, organizado por Charles Malato, emprende una activísima campaña en Francia y organiza un gran homenaje a Ferrer, en España ningún partido republicano o grupo librepensador, ni por supuesto la masonería, llevan a cabo una campaña para evitar que Ferrer sea ejecutado. Pero una vez amainados los vientos represivos en nuestro país, la masonería reanudó sus actividades y las actitudes cambiaron, así como también la valoración que se hizo del creador de las Escuela Moderna.

El GO de Francia fue el primero que reivindicó la figura de Ferrer en sus actos oficiales. En el Congreso de las Logias de París, celebrado el 30 de octubre de 1909, S. de Plauzoles, miembro del Comité Central de los Derechos del Hombre, hizo el panegírico de Ferrer y su obra, a quien situó ideológicamente en el anarco-comunismo, pero dispuesto a aceptar, en la etapa previa a la anarquía, una república laica y social. Dijo también que los jesuitas eran quien mandaban en España y que en nuestro país la Inquisición aún no había muer-

---

[25] Véase Jean Crouzet, «Francisco Ferrer Guardia y las logias francesas», *La masonería española y la crisis colonial del 98*, CEHME, Zaragoza, 1999. vol. I, pp. 477-483; Luc Nefontaine, «Francisco Ferrer y Guardia y la masonería belga», *op. cit.*, pp. 485-492.

[26] Teresa Abelló i Güell, *Les relacions internacionals de l'anarquisme català (1881-1914)*, Edicions 62, Barcelona, 1987, pp. 183-184.

[27] *Op. cit.*, p. 184.

to, sino que había «pasado de las manos dominicanas a las de los jesuitas», para concluir que: «El asesinato de Ferrer es el crimen de la Iglesia».[28]

Por su parte, el boletín Oficial del *Bureau Internationale des Relations Maçonniques* decía que lo que se había pretendido era atentar contra el ideal masónico y que la memoria de Ferrer sería inmortalizada con la de Giordano Bruno, Étienne Dolet, Vanini, etc., aunque no le llama «hermano» sino «el librepensador Ferrer».[29]

El GOE conocía perfectamente estas campañas de los hermanos europeos al margen de la masonería española, y para justificar su pasividad, distribuyó una circular, publicada en su Boletín Oficial nº 210, del 29 de octubre de 1909, donde se declaraba que en España se había conocido la sentencia condenatoria de Ferrer prácticamente en el mismo momento de su ejecución. También se desmentía la pasividad de la masonería española antes del suceso irreparable, diciendo que algunos hermanos hicieron gestiones con el fin de salvar la vida de Ferrer, pero que el clero «que es el amo del poder», no estaba dispuesto a perdonarlo, especialmente porque era masón. Y que, en el juicio, fue mostrado su mandil y el cordón de Maestro del GO de Francia, lo cual constituyó una prueba acusatoria. La causa estaba perdida de antemano, argumentan. Morayta, haciendo méritos ante sus hermanos franceses, dijo que la energía de los republicanos, de los liberales y de los demócratas había hecho caer al gobierno de:

> la dictadura clerical que deshonraba España ante el mundo civilizado (...) y la batalla definitiva contra el clero se prepara, a los cuales se habrán de enfrentar los liberales, los demócrata-monárquicos, los republicanos, los socialistas y los francmasones.[30]

En mayo de 1909 los republicanos de Lerroux habían ganado las elecciones municipales en Barcelona, y una vez calmados los ánimos, en diciembre de 1909 se celebraron nuevas elecciones, ganándolas nuevamente los republicanos.

El Congreso librepensador de 1910 en homenaje a Ferrer Guardia

Tan pronto como las condiciones lo permitieron, los líderes del librepensamiento –la mayoría masones próximos al lerrouxismo– se dispusieron a organizar un congreso librepensador internacional en Barcelona, que debía ser al mismo tiempo un homenaje a Ferrer. También se pretendía demostrar que la capital catalana no era católica ni monárquica, sino republicana y li-

---

[28] *L´Acacia*, nº 79-80, París, julio-diciembre de 1909, pp. 122-135.

[29] *Bulletin. Organe Officiel. Bureau International des Relations Maçonniques*, nº 21, octubre-noviembre de 1909, p. 204.

[30] Reproducido en *L´Acacia*, París, nº 79-80, pp. 248-249.

brepensadora. En esta ocasión la Catalana Balear quedó prudentemente en un discreto segundo plano, aunque se adhirió al evento. El protagonismo será para los republicanos de Lerroux y el movimiento librepensador.

A finales de septiembre de 1910, *El Progreso* anunciaba el próximo congreso en los siguientes términos: «El librepensamiento internacional en Barcelona. La masonería, el librepensamiento, la Liga de los Derechos del Hombre se reúnen para verificar ese acto conmemorativo». A continuación enumeraba algunos de los personajes que asistirían, como el iberista y masón portugués Sebastião Magalhães Lima, líder del librepensamiento en su país y Gran Maestro del GO Lusitano Unido; el diputado francés Sembat, miembro del Supremo Consejo del GO de Francia y otros. El diario radical especifica que no se trata de conmemorar el fusilamiento de Ferrer y Guardia, sino «sólo de la celebración del Congreso Librepensador que comenzará en Barcelona, el 13 de octubre.[31] Naturalmente, era difícil que las autoridades aceptaran que se trataba únicamente de un evento librepensador, ya que precisamente el día 13 de octubre se cumplía un año de la ejecución de Ferrer.

Los temas a debatir serán los siguientes: la pena de muerte, cuyo ponente fue Fabián Palasí; el fin de las relaciones entre España y el Vaticano, así como la supresión de los signos externos y de las manifestaciones externas del culto, a cargo de Benito Pérez Galdós, quien no asistió; la organización de las fuerzas librepensadoras españolas, a cargo de Cristóbal Litrán; de los medios para combatir las religiones se ocupó Odón de Buen; de los derechos civiles, Jaime Anglés; la mujer ante la política, Laura Mateo, feminista de las Damas Rojas; la nueva moral, Segismundo Pey y Ordeix; la paz universal, Fernando Lozano, de *Las Dominicales del Libre Pensamiento*; la patria sin fronteras del futuro, Anselmo Lorenzo; la mujer y el librepensamiento, Ángeles López de Ayala, masona, republicana y líder del feminismo organizado en esos años. Todos eran masones excepto Laura Mateo y Jaime Anglés.

Para dar soporte y caldear el ambiente de cara al próximo congreso, se celebraron varios mítines en las entidades republicanas de Barcelona y sus alrededores. El día, 12, por primera vez, *El Progreso* declaraba que el congreso se celebraba «en señal de duelo por el fusilamiento de Ferrer». La nota añadía que, entre otras personalidades, S. Magalhães Lima y los diputados republicanos por Valencia Azzati y Barral (ambos masones), irían a depositar una corona de flores en su tumba.[32]

Aunque los organizadores fueron los radicales de Lerroux y la conjunción masónico-librepensadora, todos los sectores políticos del republicanismo enviaron su adhesión, además de la Juventud Socialista de Barcelona, entidades feministas como la Sociedad Progresiva Femenina, presidida por Án-

---

[31] *El Progreso*, 21 de setiembre de 1910, p. 2.
[32] *El Progreso*, 12 de octubre de 1910, p. 1.

geles López de Ayala, el centro espiritista La Buena Nueva, de Amalia Domingo Soler, algunas organizaciones extranjeras, como la Asociación de Prensa Racionalista de Londres, la Asociación Nacional Librepensadora de Francia y otras de Portugal, Italia y Austria. Entre las españolas destacan las de Granada y Málaga.[33]

Como estaba previsto, el día 13 por la mañana un grupo numeroso, encabezado por los organizadores del congreso, se dirigieron al cementerio de Montjuïc para depositar una corona de flores en la tumba de Ferrer, pero la presencia de las fuerzas del orden público impidió que la gente que pretendía sumarse al acto lo hiciera, evitando así que se convirtiera en una gran manifestación. Una vez acabado el acto, los organizadores se dirigieron al Palacio de Bellas Artes, donde tuvo lugar la sesión de apertura del Congreso Librepensador, bajo la presidencia de Cristóbal Litrán, Felipe Azzati, Ángeles López de Ayala, Fernando Lozano, José Anglés y Manuel Cherizola, afiliado a la logia barcelonesa Redención. Actuaron como secretarios Eladio Gardó, Durán y Bellera, Luis Humbert Santos, Domingo Barbra y F. Pons, todos masones. Alejandro Lerroux se adhirió enviando a C. Litrán un donativo de cien pesetas.[34]

Al día siguiente, El Progreso daba la noticia del acto multitudinario en memoria del «insigne mártir de la Revolución gloriosa de julio, Ferrer Guardia».[35]

Cristóbal Litrán publicó en las páginas de El Progreso (13 de octubre) un artículo titulado «Fragmentos de un libro inédito», en el que, en un tono abiertamente laudatorio, habla de las relaciones de Ferrer con los republicanos radicales y la Solidaridad Obrera, además de reproducir unas palabras del creador de la Escuela Moderna, quien le dijo el 27 de julio de 1909: «Desengáñese usted. Ningún partido hará la revolución. Aquí no hay nada, nada (…) déjese de aventuras políticas y a trabajar de firme en pro de la instrucción».

El congreso se desarrolló con normalidad porque las autoridades solamente prohibieron las manifestaciones públicas fuera del Palacio de Bellas Artes. En algunos de los temas debatidos se constató el moderantismo del republicanismo radical, especialmente en la cuestión de la pena de muerte. Es significativo que Eladio Gardó, masón y lerrouxista, afirmase que de momento no era partidario de la abolición de la pena capital, argumentando que ésta solo podría desaparecer cuando la sociedad hubiese evolucionado hacia una mayor perfección. Ángeles López de Ayala, Fabián Palasí y Segismundo Pey y Ordeix se manifestaron en contra.

---

[33] El Progreso, 17 de octubre de 1910, p. 2.
[34] El Progreso, 13 de octubre de 1910, p. 2.
[35] El Progreso, 14 de octubre de 1910, p. 1.

Sobre el sufragio femenino, el concejal republicano en el ayuntamiento de Barcelona, Pedro Figueres, se declaró contrario, argumentando que, por causa del «atraso de la mujer española», darle el voto significaría caer en «los brazos del jesuitismo». El masón Pablo Isart Bula, Amparo Martí y otros, intervinieron en el mismo sentido, siendo muy aplaudidos por los congresistas. Como vemos, el feminismo español no era el anglosajón, por eso se mostraba del todo reacio a otorgar el voto a la mujer hasta que ésta no hubiera conquistado lo que se llamaba su «emancipación de conciencia», es decir, hasta que se liberara de la tutela clerical. Recordemos que durante la Segunda República la izquierda estaba dividida respecto al voto femenino, lo cual se puso de manifiesto en las discusiones que el tema provocó en las Cortes, hasta que por fin, en 1933, fue otorgado el sufragio a las mujeres, que votaron por primera vez en las elecciones generales de noviembre de aquel año.

Litrán y Gardó propusieron constituir la Liga Nacional Librepensadora, y P. Isart Bula añadió que la base de esa futura Liga fuera la «Masonería Universal».[36] Fue nombrado un comité para iniciar las gestiones tendentes a la creación de la que se llamaría Federación Librepensadora Española. También se abrió una suscripción popular con el objetivo de construir un mausoleo para la tumba de Ferrer, de la cual se encargó Litrán. Lerroux aportó 25 pesetas.[37]

Al día siguiente de la inauguración del congreso, los ocho diputados del Partido Republicano Radical en el Parlamento sacaron a debate el proceso de Ferrer, del que se pidió la revisión; la cuestión fue debatida en la Cámara el 27 de marzo del año siguiente.

El boletín oficial de la Catalana Balear no publicó ninguna crónica del Congreso Librepensador, aunque en una nota decía que la masonería había tenido una gran participación en el mismo:

> Son masones los principales organizadores del acto y masones también algunos de los ponentes de los más importantes temas. La Gran Logia Catalana Balear estaba dignamente representada por los Venerables Maestros de las Logias *Redención* y *Humanidad*. El Venerable de la primera, elegido presidente de una de las comisiones, hizo constar la parte principal que la Masonería tomaba en el Congreso. (...) Cuando la Junta directiva del Congreso publique el libro reseña, hablaremos de las labores hechas por nuestros hermanos.

Ni una mención al mártir Ferrer, aunque en otra nota se decía que muchas «potencias masónicas amigas» habían enviado notas al congreso, en las que protestaban por el fusilamiento «del hermano Francisco Ferrer Guardia», para finalizar diciendo que fue «una víctima más del holocausto de la Libertad de conciencia, pero no importa. ¡Adelante siempre!».[38]

---

[36] *El Progreso*, 15 de octubre de 1910, p. 2.
[37] *El Progreso*, 22 de octubre de 1910, p. 1.
[38] *Boletín Oficial de la GLSR Catalana Balear*, nº 64, noviembre de 1910, pp. 6-7.

Tan pronto como le fue posible, la cúpula del GOE decretó que anualmente se celebrasen tenidas fúnebres en honor de Ferrer Guardia. El 10 de junio de 1911, además de celebrar la sesión fúnebre en la sede central de la obediencia en Madrid, se descubrió una lápida conmemorativa en honor de Ferrer; tomaron la palabra dirigentes muy alejados del ideario radical y anarquizante del pedagogo mártir, como Luis Simarro y Augusto Barcia, además de Luis Morote y Miguel Morayta.[39] Este mismo año el GOE se dirigió a su homónimo francés para comentarle el «noble interés que la intelectualidad mundial había demostrado a favor de la causa de Ferrer», así como las peticiones dirigidas al Congreso español que habían hecho masones, republicanos y librepensadores de Bélgica, Inglaterra, Italia, Suiza y Bohemia, y de nuevo se insistía en la irremediable condena de Ferrer, dada la situación política del país. El Gran Maestro Morayta añade que los resultados de la campaña habían dado su fruto, pues a partir de ahora en España sería muy difícil «matar a un hombre por las ideas que profese; y además, España ve alejarse el peligro del retorno al poder de los reaccionarios y en ella se ha fortalecido la libertad de pensamiento. (…) El reconocimiento que la España del futuro os debe no lo olvidaremos nunca».[40] ⚒

---

[39] *Boletín Oficial del GOE,* nº 230, 28 de junio de 1911, pp. 88-89.
[40] Reproducido en *L'Acacia,* nº 8-9, enero-diciembre de 1911, pp. 537-538.

PERE SÁNCHEZ FERRÉ

EL ALMA, EL ESPÍRITU Y EL SENTIDO

*Las mutaciones del lenguaje
en la espiritualidad occidental*

EL CABALLERO DEL ORO FINO

*Cábala y alquimia
en el Quijote*

Pere Sánchez Ferré

Yván Pozuelo Andrés

Doctor en Historia por la Universidad de Oviedo, licenciado por La Sorbona-París I. Editor de la *Revista de Estudios
Históricos de la Masonería Latinoamericana y Caribeña*
(www.rehmlac.com). Miembro del Centro de Estudios Históricos de la Masonería Española (CEHME). Sus principales ejes de investigación son la historia de la masonería as-
turiana, la historia de la masonería en relación con el
movimiento obrero y las relaciones entre las masonerías
españolas e hispanoamericanas.

LA ESCUELA NEUTRA DE GIJÓN (1911-1937)

REFLEJO DE LA COLABORACIÓN ENTRE LA BURGUESÍA REPUBLICANA Y EL MOVIMIENTO OBRERO ENTRE BAMBALINAS MASÓNICAS

Yván Pozuelo Andrés

Introducción

La instrucción, la enseñanza, la educación, como prefiramos denominarla subió a los primeros puestos de las preocupaciones humanas según fueron formándose los grupos sociales que hoy conocemos como burguesía y clase obrera. Antes, era dominio de los únicos en poder pensar, pertenecientes a las organizaciones religiosas, cuyo rol era sostener la aristocracia desde el punto ideológico. Una parte de la aristocracia se fue instruyendo con el paso de los siglos. La urbanización, el comercio de mediana y larga distancia, la industrialización, la consciencia de poder cambiar las condiciones de vida y de trabajo, fueron fijando su interés en el sistema de educación y ya llegados a la época contemporánea tardía en el sistema escolar.

Los masones y las masones fueron muy conscientes del poder de la educación y de su necesidad para el desarrollo económico y social de la sociedad. Entonces, opinaron, propusieron, colaboraron en proyectos para poner en marcha una escolarización generalizada, obligatoria y gratuita. Muy sensibles al sesgo ideológico de los sistemas educativos dominados por las organizaciones religiosas como la Iglesia católica en el caso español, fueron apostando por separar el catecismo de la instrucción cívica, apostando por el laicismo para vertebrar los contenidos a enseñar, dentro de una visión de sociedad que necesita a obreros cualificados independientemente de su credo religioso que no aportaría nada a esa especialización. Así pues, las horas ocupadas a tales efectos sólo se ocuparían de esa enseñanza y no de rendir homenaje diario a su propia creencia que puede seguir practicando sin interrupción a través de los templos y de los miembros de las congregaciones a cargo de dichos espacios sociales y políticos.

En esta modesta comunicación, se va a describir cómo en una ciudad comercial e industrial como Gijón, se implantó la Escuela Neutra Graduada, una institución que operó entre 1911 y 1937 y que constituye un ejemplo pionero de innovación educativa en España. Muchas veces, al reflexionar sobre nuestro propio sistema educativo, encontramos paralelismos con experiencias de otros países y contextos históricos. El franquismo borró esas experiencias de la memoria de la educación española anterior a la guerra civil española. Veamos cuál fue el lugar de la masonería y de los masones y de las masones en la constitución y sostén de esta escuela.

Para dibujar este esbozo de historia, se dividió el desarrollo en seis puntos. El primero se centra en el contexto histórico y la filosofía educativa de la escuela. En él se aborda de forma resumida las influencias ideológicas y el entorno político-social que dieron lugar a esta institución. El segundo punto se interesa a la fundación donde se detallarán los inicios de la escuela. En el tercero se presentan los grandes rasgos de los enfrentamientos ideológicos en torno a la escuela neutra. En el cuarto apartado describiremos brevemente el programa educativo. El quinto se adentra en la relación entre la logia Jovellanos y la Escuela Neutra Graduada. Finalmente, el último y sexto punto reflexiona sobre la innovación y la oposición a la escuela que tambaleó la existencia de la escuela durante toda su andadura hasta la llegada de las tropas franquistas el 21 de octubre de 1937. Como es preceptivo en este tipo de trabajos se concluirá aportando reflexiones fruto del diálogo entre pasado y presente.

Contexto histórico y filosofía educativa

La Escuela Neutra Graduada de Gijón surgió en un momento de grandes tensiones sociales, políticas y religiosas. El término "graduada" hace referencia a la organización del alumnado en grupos por edades, una novedad en una época en la que era común tener aulas multigrado. Por otro lado, "neutra" refleja su carácter no vinculado ni al Estado ni a la Iglesia Católica, en un contexto donde esta última ejerce una influencia predominante en la educación.

La filosofía educativa de esta escuela estaba inspirada en el krausismo, un movimiento que propugnaba el progreso social a través de la educación y que tuvo gran influencia en España durante el siglo XIX. El krausismo, nombre tomado de su ideólogo, el alemán Karl Christian Friedrich Krause, proponía una educación integral basada en la razón, la ciencia y la moral, alejándose de los dogmas religiosos y políticos. Este enfoque buscaba formar ciudadanos libres y críticos, capaces de contribuir al progreso de la sociedad.

Este movimiento filosófico se concretó en España a finales del siglo XIX con la creación de la Institución Libre de Enseñanza, un referente que marcó la pauta para muchas iniciativas similares, incluyendo esta Escuela Neutra Graduada de Gijón. Este tipo de educación se enfrentaba al tradicionalismo educativo y religioso imperante, proponiendo un sistema que preparase a los alumnos no solo académicamente, sino también moral y socialmente, en una visión más progresista y adaptada a los cambios de la sociedad moderna.

El krausismo tenía una visión holística de la educación, considerando que no solo debía centrarse en la adquisición de conocimientos teóricos, sino también en el desarrollo de valores éticos, culturales y estéticos. Esto implicaba una formación que integraba tanto la mente como el cuerpo y el espíritu, fomentando un equilibrio que, según los krausistas, era esencial para formar ciudadanos responsables y comprometidos. Además, defendía la idea de una educación universal y accesible para todos, independientemente de su origen social, lo que representaba un enfoque profundamente inclusivo y visionario para la época.

La situación en España a principios del siglo XX era compleja, marcada por un fuerte contraste entre los sectores más progresistas y los tradicionalistas. En este contexto, la Escuela Neutra Graduada emergió como un ejemplo de resistencia cultural frente a las influencias dominantes de la Iglesia Católica en la educación. Representaba un intento de redefinir el papel de la escuela como un espacio de libertad y de respeto de pensamiento y desarrollo integral.

Con el trágico final del pedagogo catalán Francisco Ferrer Guardia, ejecutado por el gobierno tras culpabilizarlo a él y a su escuela moderna de ser los instigadores de los disturbios de la Semana Trágica de Barcelona de 1909, sectores obreros y republicanos se quisieron desmarcar de su visión pedagógica porque incluía no solo el apartar el confesionalismo de las aulas escolares sino que sus contenidos atacaban, criticaban de frente a la religión y la propia existencia de Dios. La escuela "neutra" reducía esos niveles de crítica para dar al alumnado métodos y tiempos para su propia reflexión sobre el pensamiento creyente o ateo. El libro de Francisco Ferrer Guardia, "la Escuela moderna", sigue hoy en día como bibliografía básica para la historia de la educación. Fue masón, fue expulsado de las logias; aunque tras su ejecución, ese trágico e injusto final lo "rehabilita" en el seno de la masonería a posteriori.

Fundación y primeros pasos

La Escuela Neutra Graduada fue inaugurada el 29 de septiembre de 1911 en Gijón, una ciudad portuaria e industrial que en aquella época vivía una notable transformación social y económica. La institución contó desde sus inicios con el apoyo de figuras destacadas como Melquíades Álvarez, abogado y político krausista, fundador del partido reformista y Rosario de Acuña, escritora y feminista. Ambos fueron defensores de la libertad de cátedra y del pensamiento crítico. Ella había sido masona, pero ya no practicaba, y él iba a iniciarse un año después. En ese momento en Asturias no había logias. Dos semanas después de esta inauguración se instala tras más de una década de ausencia un triángulo en Gijón. Realmente, fue un proceso político que llevaba varios años de reivindicación entre los círculos obreros y republicanos, en los que a veces intervenía la masonería local al igual que intervenía los evangélicos, por ejemplo.

El financiamiento de la escuela provenía de varias fuentes: cuotas de suscripción, donaciones de "indianos" (emigrantes asturianos retornados de América con fortuna) y subvenciones municipales. Este respaldo económico permitió que la escuela ofreciera 20 plazas gratuitas para hijos de obreros, mientras que el resto de los alumnos contribuían con una cuota mensual.

Los indianos jugaron un papel clave no solo en la financiación de esta escuela, sino también en la configuración de una red educativa y cultural más amplia en Asturias. Gracias a sus aportaciones, se pudieron construir instalaciones modernas que ofrecían una experiencia educativa de calidad, algo excepcional en la España de principios del siglo XX.

Además de las instalaciones, la comunidad que sostenía la escuela trabajaba para implementar programas que no solo se limitaban al ámbito académico, sino que también incluían actividades culturales, artísticas y sociales. Esto convertía a la escuela en un centro neurálgico de innovación educativa y de cohesión social en una época de profundos cambios y conflictos. Desde los primeros momentos, la Escuela Neutra Graduada estableció un modelo que buscaba la integración de los valores universales en la práctica educativa.

Los alumnos no solo adquirían conocimientos teóricos, sino que también participaban activamente en talleres de desarrollo práctico y de reflexión comunitaria. En un contexto marcado por la desigualdad social, esta institución promovía la idea de que la educación era una herramienta esencial para la movilidad social y el empoderamiento individual. Este enfoque era particularmente relevante en una región como Asturias, donde las diferencias de clase estaban muy marcadas y la educación era vista como una de las pocas vías de progreso y de nivelación social.

En sus primeros años, la Escuela Neutra Graduada enfrentó numerosos desafíos. La falta de recursos era un obstáculo constante, pero el entusiasmo y compromiso de su comunidad educativa lograron compensar estas dificultades. El profesorado, en su mayoría voluntario, se entregaba con dedicación a la tarea de enseñar y transformar la sociedad a través de la educación. Este espíritu de sacrificio y vocación fue uno de los pilares fundamentales que permitieron a la escuela consolidarse como una referencia en innovación pedagógica.

El contexto político de la época también representaba un desafío. La polarización política y las tensiones sociales influyeron directamente en la percepción pública de la escuela. A pesar de ello, los promotores de esta iniciativa supieron mantener su enfoque en los valores fundamentales de la educación como motor de cambio social.

Una vez instalada la masonería en la ciudad, se convirtió en uno de los principales apoyos a través de la actuación de algún concejal, a través de su logia Jovellanos que iba tomando protagonismo masónico a nivel nacional y a través de sus dos directores que pertenecían a la logia. Sobre todo la dirección por parte del anarcosindicalista Eleuterio Quintanilla durante dos décadas dejó honda huella en el alumnado y en el sistema escolar que prodigó desde el respeto de pensamiento.

Enfrentamientos ideológicos a la luz pública

Desde su concepción, la Escuela Neutra Graduada generó un intenso debate en la sociedad gijonesa. La prensa local se polarizó en torno a la institución: mientras que periódicos como *El Comercio* y *El Noroeste* la apoyaban como un símbolo de progreso, *El Principado*, de orientación católica, la atacaba, calificándola de "fábrica de criminales". Estos enfrentamientos reflejaban la lucha entre dos visiones de la sociedad: una basada en los valores tradicionales y otra que apostaba por el cambio y la modernidad.

Las críticas se extendieron también a otros ámbitos. La Iglesia Católica, que dominaba gran parte del sistema educativo, veía en la Escuela Neutra Graduada una amenaza a su hegemonía ideológica. En sermones y publicaciones, se acusaba a esta institución de promover el ateísmo y de corromper a la juventud. Rezaban a la puerta de la escuela, insultaban a quiénes entraban, etc. Fue una tensión más allá de una confrontación de ideas. A pesar de estas acusaciones y acciones violentas, la escuela logró consolidarse gracias al compromiso de su comunidad educativa.

Los enfrentamientos ideológicos también reflejaban debates más amplios sobre el papel de la educación en la sociedad. Para los defensores de la escuela, esta representaba un paso hacia la modernización de España, mientras que para sus detractores era un ataque a las tradiciones y valores que consideraban fundamentales. En particular, el carácter laico de la escuela despertaba intensas discusiones, dado que la neutralidad religiosa era vista por algunos sectores como una forma de irreverencia hacia los valores cristianos que permeaban la sociedad de la época.

En este contexto, la Escuela Neutra Graduada se convirtió en un símbolo de las aspiraciones reformistas que buscaban transformar no solo la educación, sino también la estructura social en su conjunto. Los debates que generaba iban más allá de las aulas y se reflejaban en los discursos políticos y en la opinión pública, destacando su relevancia como catalizador de cambio. Asimismo, se debe entender la escuela neutra como parte del entramado personalista del político Melquíades Álvarez a cuyo servicio estaba el periódico *El Noroeste*, la logia Jovellanos en sus inicios, diferentes círculos y demás sociabilidad que fue armando a favor de su proyección política a nivel nacional.

La dimensión internacional de estos debates también merece ser destacada. En un momento en el que Europa vivió intensos procesos de secularización y modernización, las experiencias de España, y en particular de iniciativas como la Escuela Neutra Graduada, se observaban con interés desde otros países. Esto situó a Gijón en el mapa educativo internacional y evidenció que la lucha por una educación progresista trascendía las fronteras nacionales.

Programa educativo

El programa de la escuela estaba diseñado para ofrecer una educación integral. Las materias incluidas abarcaban:

1. Primer grupo (6-7 años): Lectura, escritura y gramática castellana.
2. Segundo grupo (7-8 años): Geografía, historia, derecho y moral universal.
3. Tercer grupo (8-9 años): Aritmética razonada, geometría, dibujo y trabajos manuales.
4. Cuarto grupo (9-10 años): Ciencias naturales, fisiología, higiene, agricultura, industria y comercio.

El enfoque práctico de la educación era evidente en asignaturas como agricultura, industria y comercio, que buscaban preparar a los alumnos para integrarse en el tejido económico local. La mano de los indianos, de sus vivencias, marcan el programa que financian. Además, se incluían actividades como gimnasia y excursiones, promoviendo un desarrollo físico y cultural equilibrado.

Una de las principales innovaciones de la escuela fue su apuesta por la evaluación continua, en contraste con el modelo tradicional basado en exámenes finales. Este enfoque permitía un seguimiento más personalizado del progreso de los alumnos y fomentaba un aprendizaje más profundo y significativo.

La escuela también enfatizaba la neutralidad religiosa y política. En sus estatutos se declaraba que la religión era un asunto familiar, y que la educación moral debía basarse en valores universales, independientes de cualquier confesionalismo. Este principio de neutralidad fue objeto de constantes ataques por parte de sectores conservadores, que consideraban que una educación sin religión era inherentemente inmoral.

Además del currículo formal, la escuela organizaba actividades complementarias, como talleres de música, artes plásticas y debates, que buscaban fomentar la creatividad y el pensamiento crítico entre los estudiantes. Estas actividades ayudaron a construir una comunidad educativa más cohesionada y comprometida con los ideales de progreso y modernidad. Los debates organizados en la escuela no solo involucraban a los alumnos, sino también a la comunidad en general, lo que fomentaba una mayor integración entre la institución y su entorno social.

El énfasis en las materias prácticas, como la agricultura y el comercio, también reflejaba una visión adelantada a su tiempo sobre la importancia de conectar la educación con las necesidades reales de la sociedad. Esto no sólo preparaba a los alumnos para el mercado laboral, sino que también les daba herramientas para comprender y transformar su entorno.

A medida que se consolidaba, la Escuela Neutra Graduada fue incorporando nuevas áreas de estudio, como la enseñanza de idiomas extranjeros y el uso de tecnologías emergentes en la educación, sin que faltara el latín. Estas innovaciones mostraban su capacidad para adaptarse a las demandas cambiantes de la sociedad y para mantenerse a la vanguardia de la pedagogía progresista.

En general, se apoyaba sobre modelos pedagógicos procedentes de Francia, país cuya lucha educativa exacerbada había empezado unas décadas antes que en España. Incluso podemos remitir a la comisión sobre Educación organizada durante la revolución francesa coordinada por Condorcet.

La Logia Jovellanos y la Escuela Neutra Graduada

Un aspecto esencial en la historia de la Escuela Neutra Graduada fue su relación con la logia Jovellanos, un espacio masónico de gran relevancia en Gijón. La logia, establecida en 1912, apenas un año después de la inauguración de la escuela, compartía valores similares de progreso, educación laica y transformación social. Aunque no se trató de una relación orgánica, varios miembros de la logia participaron activamente en el apoyo financiero y conceptual de la escuela.

La logia Jovellanos representaba un ámbito de encuentro para intelectuales, profesionales y reformistas sociales comprometidos con la modernización de España junto con algunos elementos destacados del movimiento obrero asturiano. Esta logia abogaba por una educación libre de dogmas religiosos y por el desarrollo integral de la persona. En este sentido, sus ideales se alineaban con los objetivos de la Escuela Neutra Graduada. La colaboración se hizo especialmente visible en la década de 1920, cuando la escuela enfrentaba problemas financieros significativos. La logia organizó eventos y recaudaciones para asegurar su continuidad, destacando así su papel en el sostenimiento de proyectos educativos transformadores.

Cuando los masones gijoneses plantearon en los años veinte construir un templo propio determinaron que una parte del edificio iba a albergar la escuela para que los espacios permitan implementar la innovación educativa puesto que no hay innovación educativa sin innovación de espacio. Así pues, ligaron la escuela y el templo masónico en un mismo lugar, en un solar indiano. Compartir el edificio introdujo la fácil asimilación de escuela igual a logia masónica, pero está lejos de la realidad; aunque para sus enemigos la verdad poco importa. En efecto, hubo debate interno en la masonería, con enfrentamientos que acabaron incluso con expulsiones de miembros que no estaban de acuerdo con la ostentación pública por parte de la masonería de ser la instigadora de la escuela, puesto como hemos visto no había masones en el momento de su creación. Para los enemigos, la bomba que lanzaron unos días antes del golpe de estado de julio de 1936 unía a ambas entidades sin distinción de ningún tipo.

Tras la Guerra Civil, tanto la escuela como la logia fueron objeto de persecución por parte del régimen franquista. Los archivos de la logia Jovellanos fueron confiscados, y en ellos aparecía documentación de la escuela, lo que ha contribuido a las confusiones históricas sobre una supuesta "iniciativa masónica" de la Escuela Neutra Graduada. Sin embargo, investigaciones recientes han aclarado que, aunque existió apoyo mutuo, la escuela operaba con una autonomía institucional significativa. De todos modos, la colaboración de la logia Jovellanos se estimó por parte de las entidades masónica como uno de los modelos en los que fijarse para que otras logias pudieran actuar de la misma forma en la creación de escuelas en otros puntos de España como así vino intentando la masonería española desde el último cuarto del siglo XIX.

El legado de esta relación entre la logia Jovellanos y la escuela neutra de Gijón es innegable. Refleja cómo diferentes sectores de la sociedad gijonesa se unieron para defender una visión compartida de progreso y modernidad. En la actualidad, recordar esta colaboración es esencial para comprender la intersección entre educación, sociedad civil y movimientos reformistas en España.

Innovación y oposición

La Escuela Neutra Graduada representó una ruptura con las prácticas educativas tradicionales. Su enfoque en la evaluación continua y su rechazo al adoctrinamiento la convirtió en un referente para quienes buscaban modernizar la educación. Sin embargo, también enfrentó numerosos obstáculos, desde la falta de recursos hasta la oposición de sectores conservadores.

Como se mencionó anteriormente, uno de los episodios más dramáticos fue el atentado con bomba ocurrido en julio de 1936, pocos días antes del inicio de la Guerra Civil Española. Este ataque, que dañó las instalaciones de la escuela, simboliza las tensiones extremas que caracterizaban la época. A pesar de estos ataques, la institución continuó funcionando durante la guerra civil hasta la llegada de las tropas golpistas, lo que refleja la determinación de su comunidad por mantener viva su visión educativa.

La oposición no solo provenía de sectores externos, como la Iglesia o grupos conservadores, sino que también surgían desafíos dentro de la propia comunidad educativa. Las diferencias ideológicas entre los distintos grupos que apoyaban la escuela a veces generaban conflictos que dificultaban la toma de decisiones y la implementación de proyectos. Aun así, la capacidad de adaptación de la escuela y su compromiso con los valores fundacionales le permitieron superar muchas de estas dificultades. Sobre todo destacable, los esfuerzos permanentes del director Quintanilla para adelantarse a los problemas económicos e intentar solucionarlos a tiempo para que la escuela siga funcionando.

El cierre de la escuela tras el estallido de la Guerra Civil marcó el fin de una etapa crucial en la educación progresista de España. Aunque desapareció físicamente, su legado de innovación y lucha por una educación inclusiva continúa inspirando a generaciones de educadores hasta hoy, cuando estos la descubren.

Cierre de la Escuela Neutra Graduada y memoria histórica

El estallido de la Guerra Civil Española en 1936 supuso un punto de inflexión trágico para la Escuela Neutra Graduada. En un contexto de polarización extrema, donde las iniciativas progresistas eran vistas como amenazas por los sectores más conservadores, la escuela se encontró en una situación de creciente vulnerabilidad.

En julio de 1936, apenas días antes del golpe de Estado, un atentado con bomba dañó severamente las instalaciones de la escuela. Este ataque no solo buscaba destruir físicamente la institución, sino también simbolizaba un intento de silenciar los ideales progresistas que representaba. A pesar de los esfuerzos de la comunidad educativa por mantener la actividad de la escuela, la entrada de las tropas franquistas en Gijón en 1937 marcó su cierre definitivo.

Durante la posguerra, el régimen franquista llevó a cabo una sistemática persecución de los ideales republicanos y progresistas. La Escuela Neutra Graduada no fue la excepción. Sus archivos y registros, junto con los de la Logia Jovellanos, fueron confiscados y utilizados para justificar la represión contra sus miembros y colaboradores. Muchos de los que habían estado vinculados a la escuela, desde maestros hasta benefactores, enfrentaron el exilio, el encarcelamiento o incluso la muerte.

El cierre de la escuela no significó únicamente la pérdida de un espacio educativo. Representó también la desaparición de un modelo pedagógico basado en la innovación, la inclusión y la neutralidad ideológica. Este modelo, que había sido un faro de esperanza para una educación más equitativa y moderna, quedó relegado durante décadas.

LA ESCUELA NEUTRA DE GIJÓN (1911-1937)

Reflexiones finales

A pesar de su mortal desenlace, la Escuela Neutra Graduada dejó un legado imborrable en la historia de la educación en España. Su ejemplo sigue siendo una fuente de inspiración para aquellos y aquellas que luchan por un sistema educativo inclusivo, crítico y adaptado a las necesidades de la sociedad.

El impacto de la escuela trasciende las fronteras de Gijón y de su tiempo. Representó un intento valiente de implementar un modelo pedagógico que equilibrara el progreso académico con el desarrollo moral y social, en valores que construyen una sociedad para la paz. La historia de la Escuela Neutra Graduada de Gijón es una prueba tangible de que la educación puede ser un motor transformador en cualquier sociedad. Sus prácticas innovadoras, su apuesta por la inclusión (de su época) y su valentía representan un legado vivo que nos recuerda que, incluso en las circunstancias más adversas, es posible construir una educación más justa y equitativa. El esfuerzo colectivo de sus promotores, alumnos y simpatizantes dejó una huella que sigue presente en el pensamiento pedagógico moderno de los y de las que buscan conocerlo. Además, mostró cómo la colaboración entre diferentes sectores, desde la burguesía republicana hasta el movimiento obrero, podía dar lugar a proyectos transformadores.

La Escuela Neutra Graduada de Gijón es mucho más que un capítulo de la historia local. Es un recordatorio de cómo los ideales de libertad, igualdad, rebelión y progreso pueden materializarse en proyectos educativos que transforman vidas y sociedades. También nos invita a reflexionar sobre los desafíos que enfrentamos hoy en día en el ámbito educativo: ¿cómo podemos aprender de este ejemplo para construir sistemas educativos más justos y efectivos?

La historia de la Escuela Neutra Graduada, con sus logros y su trágico desenlace, nos recuerda la importancia de proteger los espacios de innovación educativa frente a las fuerzas políticas que buscan imponer la uniformidad y el dogmatismo. Es un testimonio de la capacidad de la educación para generar cambio social y de los riesgos que conlleva defender ideales en tiempos de conflictos intencionadamente fogosos.

No cabe menos que rendir homenaje no solo a quienes la construyeron, sino también a quienes siguen luchando por una educación que transforme el mundo, tal como soñaron pragmáticamente los que pasaron por sus aulas hace más de un siglo. ⚜

Yván Pozuelo Andrés

LA LOGIA JOVELLANOS
(1912-1939)

MEMORIA E HISTORIA BORRADAS
POR EL FRANQUISMO

Prólogo de
Ricardo Martínez Esquivel

masonica.es [HM]

Daniel Alejandro Pelúas de la Fuente, nació en Montevideo-Uruguay. Licenciado en Historia por la Universidad Católica de Uruguay. Docente en la enseñanza media. Conferencista en el: 4to. Encuentro Nacional y 2do. Regional de Hoy es Historia Atlántida, Canelones- Uruguay (1987). Batlle y Saravia a 150 años de su nacimiento (2006). En la Feria del Libro Internacional de Buenos Aires en la mesa Líderes histórico-político del Uruguay: conociendo mejor a José Batlle y Ordóñez, Wilson Ferreira y Liber Seregni (2010).

Artículos publicados en el *Boletín Histórico del Ejercito* (1993); *Diario La República* (1996, 1999); *Diario Últimas Noticias* (1996-1997); *Revista Relaciones* (1999); *Revista Bitácora* (2001); *Revista Tríptico* (2001). *Revista Mundo Masónico* (Brasil) (2021).

Director Responsable de la *Revista Humus* (1999). Redactor Responsable de la *Revista Dosmil30* (2003). Director Responsable del *Diario del Uruguay* editado por el diario *La República* (2006-2007).

Colaborado en el proyecto Batlle y El Día (1989). Miembro del jurado de la Gran Logia de la Masonería del Uruguay en el ensayo literario sobre Leandro Gómez (2011).

Ganador del concurso del Partido Colorado: Historia del Partido Colorado (2005).

Coautor en *Historia de la Evangelización en la Banda Oriental* (1993); *Ideología Batllista. Componentes y Modelo* (1998); *Coparticipación y Coalición* (2000). *Rojo el 900. Delitos selectos* (2007). *Crónicas de la Guerra de la Triple Alianza* (2007).

Autor de *Historia del Uruguay en CD* (1999), declarado de interés ministerial por el Ministerio de Educación y Cultura. *Batlle y Ordóñez EL HOMBRE* (2001); *Batlle en imágenes CD* (2003). *El ocaso del caudillo* (2004). *El Ojo que Todo lo Ve. Ritos, Símbolos y Lenguaje de la Masonería. Para entender a las logias uruguayas* (2012). *Masonería en el Uruguay. Los Orígenes* (2016). *Las Hijas de la Viuda. Masonería Femenina en Uruguay* (2018). *Contemplando el silencio. Cementerio Central de Montevideo* (2025).

Diplomatura en Estudio sobre la muerte y los cementerios por la Universidad Nacional de la Patagonia San Juan Bosco (UNPSJB) Sede Comodoro Rivadavia, Argentina.

URUGUAY

UNA EDUCACIÓN CON UNA IMPRONTA PARTICULAR

Daniel Alejandro Pelúas de la Fuente

El realizar un estudio de la educación en Uruguay, debemos de empezar en el siglo XIX, es casi como recorrer un camino similar con otros países americanos, donde sus reformadores tuvieron contacto e incluso hasta mismas fuentes inspiradoras. Hay un solo detalle que Uruguay no comparte con Argentina, donde se destaca Faustino Sarmiento y en Chile Francisco Bilbao, ambos integrantes de la masonería. Acá la figura es José Pedro Varela, que no fue miembro de la hermandad, pero su entorno sí, capaz podría haber llegado a serlo, pero su prematuro fallecimiento lo impidió.

Esto también se tiene que comprender en el marco del proceso de secularización que el país comenzó en décadas anteriores para tener su sello final en la Constitución de 1919. Este logro se tuvo y se tiene que custodiar permanentemente, incluso en este siglo XXI.

Camino de la separación

El nacimiento del Uruguay, marco como en todos los países latinoamericanos sin un cuestionamiento a la religión católica, es más los nuevos poderes ejecutivos mantenían el derecho de patronato. Nuestro país no será una excepción a la misma:

> ...la historia de su aprobación nos muestra que aunque no se pudo lograr una fórmula más amplia y tolerante, como la que proponía José Longinos Ellauri,[1] que establecía "La Religión del Estado es la Religión santa y pura de Jesucristo", se evitó en cambio aprobar la de Alejandro Chucarro, que tendía a conferirle a la Iglesia protecciones especiales que implicaban un detrimento hacia otras religiones establecidas o a establecerse en el país u otras fórmulas que comprometían la libertad de culto.
>
> Esa génesis de la Carta Magna fue el comienzo de lo que se iría gestando con el paso de los años, más allá de que en esa primera instancia constitucional se mantuviera a la religión católica como la oficial del Estado.
>
> Pero el texto incorporado a la Constitución, teniendo más en cuenta el espíritu con que fue adoptado que su análisis literal, no habría de constituir un obstáculo para la aprobación futura de medidas de gobierno con soluciones de verdadera tolerancia religiosa que permitieron ir preparando el terreno para una mejor convivencia de todos los grupos sociales que conforman la nación.[2]

Al leer la Constitución de 1830 comienza:

> "En nombre de Dios Todo Poderoso, Autor, Legislado y
> Conservador Supremo del Universo...".

En su artículo 5° establece; La religión del Estado es la Católica Apostólica Romana. Y otros artículos que regulan la existencia del clero secular y regular, y el presidente de la República ejercerá el Patronato.

Ni tan santos, ni tan diablos

Otro aspecto que se caracteriza en las nuevas republicas, el estallido de guerras civiles en los primeros años de su vida independiente. Nos centraremos en la relación entre la *Compañía de Jesús* y la *Masonería*. En 1746 se instalaron en San Felipe y Santiago de Montevideo los jesuitas, fueron evangelizadores y educadores. Su labor se vio interrumpida, como en todo el continente, en 1767 cuando el rey Carlos III determinó la expulsión de la Compañía.

---

[1] Miembro de la *Logia Asilo de la Virtud*, y eso no es impedimento de ser creyente. Hasta el día de hoy se sostiene *"estúpido aquel masón que se diga ateo"*.
[2] Pioli, Ulises Gastón- *La laicidad uruguaya y el desafío del siglo XXI*. Arca. Montevideo. 2013. pp. 32-33.

La labor educativa fue continuada por los franciscanos y algunos maestros particulares. Se dará el regreso de los jesuitas a nuestro territorio a fines de 1841 en el departamento de Salto, ya transitando nuestra vida independiente, aunque en 1859 serían expulsados nuevamente por el gobierno de Gabriel Antonio Pereira –masón–. Si tenemos presente que en el gobierno de la Defensa de Montevideo entre sus integrantes había católicos-masónicos, le autoriza para la función de enseñanza a partir de 1841.

Por su parte los cónsules de Inglaterra y de los Estados Unidos le solicitaran en 1840 al gobierno de la Defensa la autorización para la construcción de un templo y una escuela protestante en Montevideo. Sin violar la constitución se permitió dicha solicitud, –quien se opuso fue el Vicario Larrañaga–, procediéndose a la colocación de la piedra fundamental en 1845. Este hecho dará paso al enfrentamiento de las Biblias, como así se conoce, enfrentamiento que encontró por un lado a los jesuitas con las autoridades de gobierno contra los protestantes.

La Biblia separa

En el hospital de sangre, el cual atendía a los soldados en la actual plaza Cagancha era atendido por el capellán Ramón, el hospital fue incorporado al de Caridad, la situación del país había provocado el descuido de la educación y por supuesto de los niños. Por tal motivo con la iniciativa de Ramón y de otras personas buscan canalizar su inquietud en el tema, pidiendo la colaboración del ministro de gobierno, Melchor Pacheco y Obes.

El ministro a título personal en conjunto con otros bienhechores apoyara la apertura de una escuela –ubicada en la calle Colón entre 25 de mayo y Washington–, que contaría con dos maestros, quedando la parte religiosa en manos de Ramón. Entre los colaboradores estaba Samuel Lafone, protestante e integrante de la Sociedad Bíblica de Edimburgo, por tal motivo enviará de regalo para los niños biblias editadas por dicha asociación.

La Sociedad Bíblica inglesa tenía el cometido de repartir las biblias protestantes, por su parte la iglesia católica había prohibido su lectura y su reparto.

Veamos la situación desde el punto de vista del jesuita Rafael Pérez:

> Había en Montevideo un rico comerciante inglés llamado Samuel Lafone, protestante fanático, encargado de la Sociedad Bíblica de Edimburgo para su maldita propaganda. Había ya edificado un templo protestante y sabía aprovecharse de la triste situación de la capital para sembrar su herejía... Este hombre, apenas supo del establecimiento de la nueva escuela -por los jesuitas-, procuró introducir en ella sus biblias.[3]

---

[3] Ardao, Arturo- *Racionalismo y liberalismo en el Uruguay*. Universidad de la República. Montevideo. 1962. pp. 128-129.

En primera instancia los jesuitas lograr frenar su reparto y fueron llevadas a su escuela, diríamos que fue una victoria a medias. Dado que al año siguiente se distribuyen con el acompañamiento de un sacerdote de la iglesia de la Matriz.

El jesuita Rafael Pérez entiende:

> No hay duda de que la Sociedades Masónicas y las bíblicas luchaban en Montevideo para deshacerse del mayor obstáculo que les estorba para propagarse y extender sus maléficas influencias: los jesuitas.[4]

Es una manera de justificar lo sucedido en 1859. El incidente es en los primeros meses del año cuando en el sermón el padre Félix María del Val, hace referencia a la obra de asistencia social que llevaba adelante la masonería por intermedio de la *Sociedad Filantrópica*. La hermandad hace sus quejas ante el gobierno y este al superior de la Compañía, al padre Sató. Recibiendo el mensaje busca corregir y sancionar su integrante.

En el ínterin de estas comunicaciones el gobierno recibe más información que agravaba la situación de Val.

El desenlace final implicó el decreto presidencial de Gabriel Pereira, donde se comunicaba a los jesuitas el inmediato abandono del país. La primer repuesta de la Compañía decía:

> Nuestra misión no es sino la de moralmente instruir a los pueblos por medio de las explicaciones más sencillas de las verdaderas de la religión y estamos en la persuasión de que las verdades que enseña la religión católica, expuestas según el sentido de la Santa Iglesia, sin exageración ni fanatismo, que es imposible haya, siguiendo el dicho sentido de la que es maestra infalible, está muy distante de causar perturbación de ningún género. Ninguna otra intención tuvo, ni podía tener, el sacerdote en la explicación del día 6, aunque tal vez no se explicase de manera que pudo hacer dado ocasión dado a algún equivoco.
>
> Esto parece suficiente para que el Exmo. Gobierno en su ilustración quede convencido del sumo amor que los individuos de la Compañía tienen a la paz, a la verdad y a la subordinación, sin cuyas cosas, ni los individuos, las naciones pueden ser felices ni prosperas.[5]

El actuar del presidente Gabriel Pereira

El presidente Gabriel Pereira el 28 de junio de 1858 decreta la secularización de los cementerios, correspondiéndole ahora su administración a las Juntas Económico Administrativas. El motivo de esta decisión estaba basado en razones de higienes, dado el triste y lamentable episodio de la fiebre ama-

---

[4] Fernández Cabrelli, Alfonso- *Iglesia Ultramontana y Masonería en la transformación de la sociedad Oriental.* América Una. Montevideo. 1990. p. 197.
[5] Ídem. p. 203.

rilla que sufrió el país. Tanto los cementerios como los carros fúnebres quedarán sometidos a la dirección y administración de las Juntas de cada uno de los departamentos.

Las pujas internas dentro de la Iglesia entre ultramontanos y liberales no pararon. Al grado que el 6 de enero de 1859 en el sermón que estaba dando el padre Félix Del Vall S.J. en la capilla de la Caridad del Hospital Maciel, en dicha ceremonia se estaba consagrando algunas monjas y sacerdote, ¡¡¡exploto!!!

> ...la filantropía es la moneda falsa de la caridad.[6]

Los dardos tirados por el padre Félix tenían como destinatarios la Sociedad Filantrópica.

El primer mojón

En abril de 1861 se presenta un nuevo conflicto. En esta ocasión tenemos al cura Manuel Madruga de San José, no le da el sacramento de extremaunción al Dr. Enrique Jacobsen, era protestante –suponemos que es protestante-luterano, dado que desde 1536 esa es la religión oficial de dicho país-, y el amor lo llevó a renunciar a su religión y abrazar el catolicismo, comenzando dicho camino con el primer sacramento del bautismo en la capilla de la Caridad en la ciudad de Montevideo.

Masón, católico, enfermo terminal y en una situación económica no muy buena. Así queda manifestado en el acta de la logia del 30 de enero de 1861, donde un hermano informa:

> ...dio cuenta de haber cumplido con la comisión que se le había confiado con el objeto de visitar a los hermanos Jacobsen y Luguin a quienes hallé enfermos, al primero de mucha gravedad y por parte, cercado de miseria...[7]

Queda claro que la situación de salud era realmente complicada para Jacobsen, en la tenida del 13 de abril, esto es lo que pasó:

> ...El Venerable declaró que el objeto principal de esta Tenida era para conocer la pérdida del Maestro Enrique Jacobsen, y los funestos incidentes que, a consecuencia de las temerarias pretensiones del Cura Manuel Madruga, habían ocurrido; que el Hermano Enrique Jacobsen estando sumamente enfermo y grave, había pedido un confesor, y al efecto se presentó el cura Manuel Madruga, y dirigiéndose al Hermano Jacobsen le dijo que tenía noticias de que era Masón, y su ministerio le imponía el imprescindible deber de exigirle todos los papeles, diplomas y demás documentos que existieran en su

---

[6] Dotta Ostria, Mario- Caudillos, Doctores y Masones. Protagonistas en la Gran Comarca Rioplatense (1806-1865). Montevideo. Ediciones de la Plaza. 2006. p. 268.
[7] Logia N.º 166, Enrique Jacobsen- ¡NO! Dr. Enrique Jacobsen. Una personalidad que trasciende el Uruguay que cambia. Logia Nº 166 Enrique Jacobsen. San José. Uruguay. p. 13.

poder pertenecientes a la Masonería, a lo que contestó el Hermano Jacobsen, que la exigencia que le hacía no la consideraba justa, y que además, había entregado a sus asociados, todo lo que le solicitaba. Enseguida lo volvió a manifestar que para confesarlo, era necesario que hiciese una retractación pública, porque pertenecer a una Sociedad que estaba excomulgada y que como acólito, había ofendido a la Iglesia.

Entonces el Hermano Jacobsen le contestó que no abjuraba de la Masonería porque sus convicciones le indicaban que esa Asociación en nada ofendía a la Iglesia ni a Dios, y que moriría tranquilo porque su conciencia le dictaba que no debía manifestar los secretos de la Masonería, porque en nada en absoluto atacaba a la religión.

Entonces el cura Madruga se colocó en la puerta de la habitación, y con la mayor energía comenzó a gritar, dirigiéndose al cadavérico Hermano Jacobsen, que si no abjuraba de la Masonería su alma estaba condenada, y que sí moría a lo profundo de los infiernos, y su cuerpo hecho cadáver sería arrojado al muladar, que la Iglesia cerraba sus puertas negando todo beneficio y ceremonias religiosas, no sólo a él, sino a todos los Masones que no se retractasen, y con éstas palabras y en presencia de la familia de Jacobsen, Madruga dijo que no volvería si aquel hombre no cambiaba de parecer.

A los pocos días siguientes, pidió nuevamente Jacobsen confesarse, reclamando a un familiar que no recibiese al imprudente cura Madruga, porque con sus insultos había agravado más su enfermedad, y cumpliendo su esposa con las recomendaciones, vino el teniente cura fray Juan González. Se dirigió al enfermo y le dijo que antes de proceder a la confesión, era preciso firmase aquel papel con nombre y apellido, a lo que rehusó el Hermano Jacobsen, preguntando que objeto tenía tan inicua pretensión y entonces fray Juan le dijo que todo Masón debía abjurar de la Masonería y siguió profiriendo las mismas palabras de su superior Madruga, retirándose sin obtener su pretensión.

A los pocos momentos, dejó de existir el Hermano Jacobsen como un verdadero Masón. Sin embargo, de que ya había algunos Hermanos de Jacobsen, en el acto fue rodeado por muchos Masones y allí mismo se acordó nombrar una comisión compuesta del suegro de Jacobsen, don Manuel Álvarez del Pino, el Venerable Maestro y el Secretario de la Logia, con el objeto de pasar por lo del cura, a fin de que doblasen las campanas por el alma del Hermano Jacobsen.

En efecto, la comisión se presentó en la casa del cura Madruga, quién con palabras hirientes, les dijo que eran inútiles toda clase pretensiones, que la Iglesia estaba cerrada para el Sr. Jacobsen que había muerto en pecado mortal, que lo arrojasen donde pudiesen, pues, además de no hacer la Iglesia ninguna ceremonia religiosa fúnebre, no sería sepultado en el cementerio público, y que se afirmaba en participarles en todo lo que habían hecho él y el teniente cura, con el fin de haber renunciado el camino de la religión, el impenitente Jacobsen.

In continente (inmediatamente) pasó la comisión al domicilio del Jefe Político Hermano José Sienra a imponerle de lo pasado, y el Hermano Sienra que él no tenía instrucciones del Superior Gobierno para obrar en causa semejante, que sin embargo, iba a comunicar al Gobierno tan lamentable acontecimiento.

Entonces la comisión le contestó tuviera a bien expedirle una licencia para conducir el cadáver del Hermano Jacobsen a la Capital y además de haber accedido, propuso una casa como depósito del cadáver, y habiendo dado las gracias, los integrantes se retiraron. Estas fueron las palabras con que el Venerable Maestro informó al Taller. Acto continuo se nombró una Comisión compuesta por los Respetables Hermanos Félix R. Blanco – Joaquín Freire – Agustín Lafuente – Luciano Larriera e Isidoro Villanueva, con el efecto de conducir a la Capital el cadáver, y se resolvió hacer conocer al Supremo Consejo el hecho ocurrido en el Valle de San José.[8]

El cura Madruga –jesuita– se opone al entierro de Jacobsen en el cementerio local. Este no es un hecho menor, hasta se podría decir que hasta estaba planificado, era cuestión de tiempo que este enfrentamiento se diera. Eran lineamientos que llegaban desde el Vaticano y acatado por el Vicario Apostólico Monseñor Jacinto Vera.

Jacobsen fallecía sin el sacramento de la extremaunción, y sin poder ser enterrado en el cementerio de la ciudad. Ante esta situación la alternativa fue ponerse en contacto con el hermano Leandro Gómez, y trasladar el cuerpo a la capital, a la casa del senador Narciso del Castillo también era masón.

El presidente Bernardo Berro procederá a la secularización de los cementerios, los que quedaran en la esfera de la Junta Económico-Administrativas, dando inicio al proceso de secularización. Esta situación se repetirá en casi todos los países latinoamericanos.

Ahora es el turno de la educación

Por lo general cuando se habla de cuando se instala la escuela laica en el Uruguay, inmediatamente se marca el accionar de José Pedro Varela con su reforma escolar de 1876. Pero siendo justo debemos de mencionar la obra del G^{ral.} Leandro Gómez, desempeñando su cargo dentro de la masonería y al recorrer el país instala la primera escuela laica en el interior del país en la ciudad de Salto, denominada Escuela Filantrópica Hiram, en 1859, existe en la actualidad en la calle 33.

---

[8] Ídem. pp. 14-15.

Escuela Filantrópica Hiram

Dejamos algunos fragmentos del discurso de clausura del primer año de escuela realizado por Leandro Gómez:

Esta pretende ser una cultura sin dogmas y de absoluta libertad de conciencia, para brindar a esta niñez un futuro de luz y esperanza; a algunos de estos niños, los más despojados, darles la base para concretar sus sueños e ideales; y a los otros menos favorecidos por la ley natural, brindarles el apoyo para que en su porvenir se defiendan con la base de la cultura y no ingresen a formar parte de una sociedad servil, sin iniciativas, sino que, conscientes de sus posibilidades, sepan valorarse a sí mismos.

Vean cómo, señoras y señores, la Filantropía de la Comisión Central da una muestra patente de fraternidad, buscando orientar los pasos de estos niños a su porvenir venturoso; cómo busca inquietar a esas mentes hacia un futuro ilustrado con iguales derechos para todos, incrustando en sus pechos, junto con la doctrina de una sana moral y el más profundo respeto por el libre albedrío y con el único juez de sus conciencias, el elegir para sus vidas lo mejor, según su leal saber y entender.

Buscarán, sin duda, los caminos que los conducirán a su Dios, que para quien les habla es el Gran Arquitecto del Universo; para otros será Buda o Mahoma, pero lo buscarán buenamente y con el cariño fraternal hacia sus semejantes que no piensan igual y no buscarán por ninguna vía imponer sus creencias, sino exponer las suyas; buscarán también su bienestar personal, pero lo harán sin envidia ni ambición por lo que puede tener su hermano de camino en su vida; buscarán, por fin, su verdad, sin por ello olvidarse de que no es ni la única ni la verdadera, y buscarán, y esto es lo más importante, esa luz que quisimos mostrarles aquí, en esta escuela, que es la búsqueda y la disposición para el trabajo, que enaltece y eleva las almas...

También es preocupación de esta Escuela Hiram de que si entre estos niños surge una inteligencia que se destaque, el cultivarla haciendo los esfuerzos que haya que hacer para su culminación en los centros de estudios superiores en o fuera de nuestro país, sin perder de vista su dedicación a la misma y que no le falte el bienestar imprescindible para estudiar, en la parte material...

...la Escuela Hiram no es sino una parte de esa gran asociación de hombres libres, que no se ve pero que existe en el universo desde tiempos inmemoriales y cuyos resultados de su inclaudicable tarea y útiles en bien de toda la humanidad se palpan en todos los ámbitos.

También dejemos en claro que está muy distante en el ámbito de quienes la integran considerar un mérito éstos y otros trabajos de igual mérito que esta asociación de hombres libres se propone y practican en bien de sus semejantes, porque como no se vaciló en volcar a todos sus miembros en la terrible epidemia que padecimos no hace mucho, así sigue hoy en la voluntad de lograr lo mejor para todos los seres libres y a aquellos oprimidos darles la luz y camino de sus vidas. Se ha fijado como meta el nada fácil trabajo de mejorar la suerte de la condición humana, comprendiendo esto no solo la obligación moral y material y el dejarlo todo por este ideal, incluso la propia vida…

Por último, digamos que este honor que hoy me dispensa la Escuela Filantrópica Hiram es un accidente y lo es por ser hoy su director, sabiendo de hermanos más capaces que yo para el desempeño de esta tarea. No tengo dudas de que los frutos que recogeremos serán los más dulces y que esta obra de filantropía se coronará cuando tengamos frente a nosotros a alumnos salidos de estas aulas que sean hombres libres, que es nuestro más caro anhelo y lo que nos hará descansar con la dulce recompensa, que será la de tener la absoluta tranquilidad de conciencia de nuestros actos.[9]

La obra de José Pedro Varela

El país atravesaba el inicio del proceso de modernización, bajo una dictadura militar en el siglo XIX, en ese marco el coronel Lorenzo Latorre, pone al frente para el cambio en la educación a José Pedro Varela, estableciendo en el capítulo 1 de su obra *La educación del pueblo*, en su apartado La Enseñanza Dogmática establece:

La escuela laica responde fielmente al principio de la separación de la Iglesia y del Estado… rechazar el cargo injusto que nos dirigen los adversarios de esa doctrina, diciendo que los que así piensa quieren el establecimiento de la escuela antirreligiosa. No; como dicen los americanos es "unsectarian", pero no "godless"; no pertenece exclusivamente a ninguna secta y, por la misma razón, no es atea que el ateísmo es también una doctrina religiosa, por más absurda que pueda considerarse.[10]

El camino iniciado por Varela tendrá su concreción el 24 de agosto de 1877 en la ley de Educación Común, creando la escuela laica, gratuita y obligatoria. El representante de Cerro Largo, Agustí de Vedia establece en el artículo 73:

No se dará ni tolerará instrucción religiosa en ninguna de las escuelas o colegios creados por esta ley.[11]

No se hizo esperar la respuesta desde la vereda del frente, a cargo del vicario Viera, siendo una reacción moderada;

Ese proyecto, HH.SS.RR. no ha podido menos de suscitar en mí, como en todos los ciudadanos honrados, a cuyo conocimiento ha llegado, la más justa alarma; puesto que tiende arrebatar al pueblo la única base de su bienestar y mejoramiento moral, la enseñanza religiosa de la niñez…

---

[9] Dotta Ostria, Mario – González Rissotto, Rodolfo- Leandro Gómez. *Artiguista, masón, defensor heroico de la independencia nacional.* Montevideo. Ediciones de la Plaza. 2014. pp. 89-92.
[10] Varela, José Pedro- *La Educación del Pueblo. Montevideo.* Clásicos Uruguayos N° 49. 1964. p. 97.
[11] Fernández Cabrelli, Alfonso- Ob. Cit. p. 357.

> Los HH.SS.RR. del pueblo oriental están plenamente convencidos de que sin religión no hay moral posible; y sin educación religiosa la niñez se extravía, se amortiguan o extinguen los sentimientos de piedad y moral que recibieron en el hogar doméstico, y concluyen por apartarse de la senda moral que debieron seguir para ser buenos ciudadanos.[12]

El camino estaba iniciado y no había posibilidad de dar marcha atrás. Diríamos que casi en simultaneo comenzó un proceso paralelo para defender y acompañar la marcha y concretar el mismo. Siendo el caso de dos instituciones que tienen una larga vida en el país y que se han transformado en faros y grandes vigilantes en la educación y otras instituciones que llevan actividades en defensa y difusión de la laicidad.

A. Sociedad de Amigos de la Educación Popular (SAEP)

Más allá de estos planteos, existen en nuestro país diferentes organizaciones, defensoras de este principio del laicismo, actuando como instituciones paramasónicas en algunos casos. Por ejemplo, es el caso de la *Sociedad de Amigos de la Educación Popular* (SAEP), fundada el 18 de setiembre de 1868, cuando José Pedro Varela, al hacer uso de la palabra, propuso la formación de una "*sociedad que tuviese por objeto primordial consagrarse a la causa de la educación popular*".

Si bien la Sociedad tiene entre sus presidentes e integrantes a muchos hermanos masones esto no significa que todos sus miembros lo sean, teniendo una presencia hasta la actualidad en el Escuela y Liceo Elbio Fernández, en la ciudad de Montevideo.

Destaquemos el himno de la Institución de letra de Jerónimo Zolesi y música de Miguel Gómez Ares:

> Nuestra Escuela
> es el templo sereno
> donde brilla la luz del saber.
> Es su culto lo bello y lo bueno
> y su amable portada, el Deber.
> Nuestra Escuela es el faro eminente
> que glorioso, Varela encendió,
> "Luz más Luz" es su lema fulgente.
> "Luz más Luz" su programa inspiró.
> Celebremos con himno, con himno sonoro
> de la Escuela el pasado triunfal.
> y grabemos con letras, con letras de oro
> del futuro la estrofa augural.

---

[12] Ibidem.

B. Sociedad Uruguaya de Enseñanza "José Pedro Varela"

Otra institución en esta línea es la *Sociedad Uruguaya de Enseñanza "José Pedro Varela"*, fundada el 24 de octubre de 1942, entre cuyos objetivos se encuentran: fundar instituciones educativas, propender a la mayor difusión de la cultura y la educación y mantener vivas las normas fundamentales que rigen la orientación dada a la enseñanza popular por su Reformador, José Pedro Varela. Se trata de una sociedad civil, sin fines de lucro, que está dirigida por un Consejo Directivo cuyos integrantes actúan en forma honoraria, siendo estos electos democráticamente por votación anual de sus asociados. El Consejo Directivo, por disposición estatutaria, es integrado además por un funcionario de la Institución electo por el Personal, a quien asisten los mismos derechos que a los demás consejeros. Esta activa participación de un representante de los empleados en el máximo órgano director representa una clara expresión del respeto, aprecio y reconocimiento que la Sociedad tiene por sus funcionarios y una acabada prueba de la transparencia con la que inequívocamente actúa.

Estimamos oportuno citar algunos conceptos –extraídos de los mensajes a la Asamblea de la *Sociedad Uruguaya de Enseñanza* en los años 1999 y 2001– que sintetizan aspectos sustanciales del ideario y propósitos de la misma:

> "...la Sociedad Uruguaya de Enseñanza –desde sus orígenes – es símbolo y baluarte del ideario del Reformador José Pedro Varela y en particular de la Laicidad, que representa el valor fundamental de nuestro país. Ella ha sido la garantía para la formación de ciudadanos libres, tolerantes y responsables.
>
> La laicidad constituyó un nutriente fundamental para la conformación, consolidación y permanencia de una sociedad justa y democrática, y sigue hoy siendo esencial para que no se reconozcan más diferencias entre sus integrantes que las derivadas de sus talentos y virtudes. Una educación laica es elemento imprescindible para una sociedad libre, igualitaria y solidaria.
>
> Nuestro compromiso con los alumnos es poner a su alcance todos los elementos necesarios –materiales e intangibles- que habiliten el desarrollo armónico de todos sus potenciales, respetando sus realidades vitales particulares y atendiendo sus aptitudes individuales.
>
> Nuestro compromiso con las familias es brindar a sus hijos un ámbito de libertad para la creatividad y el desarrollo del juicio crítico, dentro de un marco democrático, laico y plural de convivencia.
>
> Nuestro compromiso con el país es la formación de ciudadanos ilustrados, eficientes, tolerantes, reflexivos y comprometidos, que contribuyan en la construcción de una sociedad donde la paz, la armonía y la fraternidad presidan los vínculos".[13]

---

[13] http://www.reu.edu.uy/jpv/presentacion/sue.html

A lo largo de su historia dicha sociedad conto entre su presidencia a destacados integrantes de la Gran Logia de la Masonería del Uruguay, llevando adelante la institución educativa: Colegio Nacional José Pedro Varela, en el presente tiene locales en Montevideo y en Canelones.

En setiembre de 2011 se produce la colocación de la piedra fundamental del edificio del *Colegio Nacional José Pedro Varela*, en la *Ciudad de la Costa*, en un acto al que concurrieron las autoridades de la *Sociedad Uruguaya de Enseñanza "José Pedro Varela"*; entre otros, asistentes destacamos a Daniel Rilo siendo en ese momento Gran Venerable de la Gran Logia de la Masonería del Uruguay y el intendente canario Mario Carámbula también integrante de la masonería.

C. Alianza por la Educación Laica

Muchos de los uruguayos ignoran la existencia de esta organización. Pero tiene una existencia rica:

Fundada por un grupo de hombres y mujeres entre los que destacaban los HH. ∴ Rodolfo Echeverría y Alfredo Fulle Carrara, el 20 de setiembre de 1948 y con personería jurídica reconocida el 8 de octubre de 1951, la APEL surgió para defender los derechos del Hombre y los principios democráticos, defender la laicidad en todas sus manifestaciones y procurar la unificación y la extensión del movimiento laicista.

Como su antecesora, la Asociación de Enseñanza Laica, fundada el 1° de febrero de 1907 con el "primordial y principal objeto" de "sostener y difundir, en todo el territorio de la República, la enseñanza científica y racional", la APEL ha desarrollado desde entonces, con las dificultades que importa la errónea creencia de que las ideas se imponen un día y para siempre, una esforzada labor de concienciación y defensa de tan caro principio para la Masonería.[14]

En sus estatutos, en el artículo 2°, se establecen los fines de APEL:

a) Defender los derechos del Hombre y los principios democráticos.
b) Defender la laicidad en todas sus manifestaciones.
c) Procurar la extensión de todo movimiento laicista.
d) Prestigiar el sistema educativo integral.
e) Prestigiar la implantación del Poder Educativo del Estado.
f) Crear un Ateneo Pedagógico.
g) Celebrar actos culturales y de propaganda laica.
h) Celebrar Jornadas y Congresos Laicos.
i) Editar publicaciones para la difusión de la Educación Laica.
j) Contribuir a la creación y sostenimiento de instituciones de enseñanza laica.

APEL es integrante de la *Federación de Instituciones Laicas de América* (FILA). Han hecho coincidir sus reuniones con las de la *Confederación Masónica Interamericana (CMI)*.

Aclaremos que en el país existen una buena cantidad de instituciones, asociaciones y fundaciones que "*vigilan*" el cumplimiento de la laicidad, estas tres las mencionamos por su larga permanencia en este camino.

D. Enseñanza terciaria

Este salto está faltando en Uruguay; tal vez sea el desafío de este siglo. Por más que se quiera vincular a la *Universidad de la Empresa* (UDE), a la ma-

---

[14] http://www.masoneriadeluruguay.org/index.php?option=com_content◊view=article◊id =17◊Itemid=24

sonería, Ricardo Grasso –masón– deja en claro que eso está lejos de ser así. Aquellos que quieran ver en el actual logo algunos símbolos de la masonería; es ver una "*conspiración*" o paranoia, sino recordar que ese logo no fue el inicial de la UDE.

Mucho se ha cuestionado a la masonería en la educación en Uruguay, pero a nivel terciario los católicos, el OPUS y los judíos tienen sus respectivos centros: *Universidad Católica Dámaso Antonio Larrañaga, Universidad de Montevideo* y *Universidad ORT.*

La bandera del laicismo

Veamos ahora cómo se transita este camino. El laicismo no supone simplemente la aconfesionalidad pasiva del Estado, sino una aconfesionalidad activa concretada en el compromiso de crear y preservar un espacio cívico-político definido exclusivamente por la ética y el simbolismo civil. La laicidad no se reduce tampoco a un debate entre clericalismo y anticlericalismo, sino algo mucho más profundo aspira a establecer un poder público al servicio de las mujeres y los hombres considerados en su condición de ciudadanos, y no en función de su identidad nacionalista, étnica, de clase o religiosa.

Una sociedad democrática vigorosa necesita de sólidas instituciones políticas que garanticen una ciudadanía social y laica, y una vida civil, dinámica, abierta al mundo y con una personalidad que emane naturalmente de sus formas de convivencia. Conforme a tal propósito, el centro y fundamento de lo político no es ninguna esencia colectiva, ni el *iussanguinis,* ni la adhesión a una fe revelada por muy verdadera que se crea, ni por supuesto la gloria de una dinastía o la hegemonía de una etnia, una raza, una idiosincrasia colectiva o una determinada cultura popular, sino la realización material y moral de aquel proyecto de convivencia del que la laicidad es requisito y cuya divisa continúa siendo, hoy como ayer, la misma: Libertad, Igualdad, Fraternidad.

Esta bandera la masonería la levanta y continuará levantándola, en todos los ámbitos que pueda, si no miremos hasta dónde se llegó, la firma de un acuerdo en la ciudad de Washington el 9 de mayo de 2006:

Acuerdo de cooperación en materia educativa entre la OEA y la
Confederación Masónica Interamericana[15]

Considerando:

La importancia de promover todas las formas posibles de cooperación en materia educativa, partiendo del reconocimiento que la unidad espiritual del Continente se basa en el respeto de la personalidad cultural de los países

---

[15] http://www.cmisecretariaejecutiva.org/

americanos y demanda su estrecha cooperación en las altas finalidades de la cultura humana;

Que la educación es un medio eficaz para fomentar la conciencia de los ciudadanos con respecto a sus propios países y, de esa forma, lograr una participación significativa en el proceso de toma de decisiones, y reafirmar la importancia del desarrollo de los recursos humanos para el logro de un sólido sistema democrático;

Que en la Carta de la OEA se postula que la pobreza, el analfabetismo y los bajos niveles de desarrollo humano son factores que inciden negativamente en la consolidación de la democracia; y que, por su parte, la CMI asume a la educación como una función del Estado, al que corresponde desarrollar y orientar las capacidades del individuo, a fin que se adapte a la fisonomía cultural y económica de cada país y utilizar íntegramente tales capacidades en forma de permitir la independencia económica e incorporación de todo los valoras materiales y espirituales que contribuyan y hagan posible la evolución creciente de la humanidad...[16]

Un collar de perlas

Como se dijo más arriba que el proceso de secularización fue largo en el país iniciado con el tema de los cementerios, además el cuidar que la laicidad del Estado se debe de cumplir es realmente una tarea titánica:

- ✓ 24 de agosto de 1877, Latorre aprueba el Decreto Ley de Educación Común.
- ✓ 11 de febrero de 1879, Ley de Registro de Estado Civil en el gobierno de Lorenzo Latorre.
- ✓ 14 de julio de 1885, Ley de conventos, imponiendo autorizaciones y reglamentos en el gobierno de Máximo Santos.
- ✓ 22 de mayo de 1885, Ley de matrimonio civil obligatorio, gobierno de Máximo Santos.
- ✓ 6 de julio de 1906, la Comisión Nacional de Caridad dispuso el retiro de los crucifijos de "*todas las casas dependientes de la Comisión*" (hospitales públicos y hogares para huérfanos). Presidencia de José Batlle y Ordóñez.
- ✓ 13 de julio de 1906, se resolvió suprimir los oficios religiosos en los Asilos Maternales.
- ✓ 1907 supresión de la referencia a Dios y los evangelios en la formula del juramento parlamentario.
- ✓ 6 de abril de 1909, supresión total de la enseñanza religiosa de los institutos educativos del Estado, donde era "*optativa*" desde Varela.
- ✓ 1910 supresión del latín de secundaria y preparatorios.

---

[16] Mayo de 2008 *Símbolo net* Nº 74 http://www.geccities.com/simbolonet/

✓ 22 de mayo 1911, supresión de los honores oficiales en los actos religiosos y laicización general del Código Militar. Se quita en el juramento de los ediles la mención de Dios.

✓ 23 de octubre de 1919, Ley N.º 6997 determinó los días festivos en Uruguay, eliminándose del calendario oficial las festividades católicas: Semana Santa pasa a Semana de Turismo; Día de la Virgen, día de las playas, Día de Reyes, día del Niño y Navidad, Día de la Familia.

✓ 12 al 15 de abril 1951 en Montevideo: Primer Congreso Internacional de laicismo organizado por la Acción Laica Argentina, la Liga Argentina de Cultura Laica, la Acción Laica Sud América de Chile y por tres instituciones uruguayas: la Federación Uruguaya del Magisterio (FUM), la Alianza por la Educación Laica (APEL) y el Ateneo de Montevideo.

✓ 1953 Congreso de la Unión Nacional de Educación Católica, se planteó la necesidad de un fortalecimiento de la educación media y era el momento de crear una universidad católica bajo la premisa:

> "Le estamos entregando carne fresca al IAVA, se decían los directores de los colegios, y condenaban la deformación de la conciencia y de la visión de la vida que causaba en muchísimos alumnos la corriente laica y atea que predomina en la Universidad nacional".[17]

✓ 11 de febrero de 1973, en la residencia presidencial de Suárez y Reyes, se ofició una misa católica "*a la que asistieron los familiares más allegados al Presidente... miembros del reeleccionismo y de Unidad y Reforma*". Siendo una violación de la laicidad, al ser una residencia del Poder Ejecutivo.

✓ 1985. Aprobación de la Universidad Católica.

✓ 1987 tanto la Cámara del Senado como de Diputados votaron por unanimidad declarar feriado nacional con motivo de la visita del Papa Juan Pablo II al Uruguay, del 31 de marzo – 1º de abril.

✓ 1988 segunda visita del Papa Juan Pablo II del 7 al 9 de mayo.

✓ 1989 se produce una gran polémica ante la iniciativa de dejar una gran cruz donde el Juan Pablo II dio una misa en Montevideo en su primera visita. En la discusión participaron tanto actores políticos como sociales. La Masonería interviene en el debate:

> ...de ninguna manera es aceptable la exhibición en sitio público de un símbolo religioso que congrega a su alrededor a sólo una parte de la sociedad uruguaya y que por tanto no debe imponerse al resto de la población. Recordemos que a principios del siglo XX se había dado el proceso inverso, la remoción de todo símbolo religioso de hospitales e instituciones públicas, proceso que fue conocido como la remoción de los crucifijos".[18]

---

[17] Monreal, Susana- *El largo camino hacia la diversidad*. Montevideo. UCU. 2005. p.66.
[18] Néstor Da Costa, Néstor – Maronna, Mónica- *100 años de laicidad en Uruguay. Debate y procesos (1934-2008)*. Montevideo. Planeta. 2019. p. 80.

Por su parte en el Parlamento la intervención del diputado Yamandú Fau (masón):

"…un Jefe de Estado uruguayo (Presidente Julio Mª Sanguinetti) no puede promover medidas que impliquen una lesión al principio de laicidad, y remitiendo a la condición de masón de Manuel Oribe, fundador del Partido Nacional, decía: "no tenía la cruz como símbolo, sino un compás, una escuadra, una cuchara, un nivel, una plomada… setenta años de convivencia pacífica y tolerante desemboca ahora en un punto de discordia en la sociedad uruguaya".[19]

Para el diputado Ope Pasquet (masón);

"…porque hace setenta años, a través de una norma constitucional establecimos un "statu quo" que garantizó la paz religiosa en el país y evitó entre nosotros las discordias que antes habíamos tenido. En el siglo pasado y en los primeros años de éste, nuestro país fue testigo de durísimas disputas por estas cuestiones, de enfrentamientos apasionados, tremendos, en los que se dijeron cosas que nadie repetiría hoy aquí y que fueron frutos de esas enconadas divisiones, de esas polémicas ardorosas, dolientes, que tenían consecuencias políticas, pero que por, sobre todo, las tenían en el entramado espíritu de la nación uruguaya, y la desgarraban. Pero esa situación fue superada por la segunda Constitución de la República, la elaboración por la Convención Constituyente de 1917, que estableció la separación de la Iglesia y el Estado. Esa separación en su momento fue resistida, cuestionada, polémica. Pero una vez que se estableció le aseguró al país la paz en esta cuestión y, con ella, la unidad de la nación en este aspecto.[20]

La polémica terminó quedando la Cruz, como un hecho histórico por la visita papal al país.

✓ 1º de marzo de 1990, en Uruguay se procede el cambio de gobierno asumiendo la presidencia de la República, el Dr. Luis Alberto Lacalle, dicha ceremonia se realiza sobre el mediodía. Pero en horas de la mañana se procede a la celebración ecuménica en la catedral, presidida por el arzobispo Mons. José Gottardi. En el mensaje de asunción de Luis Alberto Lacalle Herrera en el Palacio Legislativo hace mención a Dios, no cae bien dado que a partir de ese momento es la autoridad máxima del Estado.
A los pocos días se procede a la asunción de nuevas autoridades en diferentes áreas del Estado, pero el caso de la asunción del presidente del Consejo de Enseñanza Secundaria, el Lic. Daniel Corbo realiza la invocación a María, postura que mereció un duro planteamiento oficial en sen-

---

[19] Diario de Secciones de la Cámara de Senadores. Tomo 305. p. 70.
[20] Sturla, P. Daniel- ¿Santa o de turismo? Calendario y Secularización en el Uruguay. Montevideo. Instituto Preuniversitario Juan XXIII. 2010. pp.174-175.

tido contrario del Prof. Alfredo Traversoni, quien entendió que esa referencia en un acto oficial "*violaba el principio de laicidad*".

✓ 26 de mayo de 1996, se realiza la primera visita oficial de un presidente uruguayo al Vaticano de Julio María Sanguinetti.

✓ 22 de setiembre 2000, en el marco del sesquicentenario de la muerte de Artigas, el arzobispo Mons. Nicolas Cotugno preside una eucaristía al pie del monumento del prócer José G. Artigas con la presencia del presidente Jorge Batlle.

✓ 15 mayo de 2001 los senadores Correa Fleitas y Yamandú Fau –ambos masones– presentan un proyecto de ley para declarar el 20 de setiembre de cada año el Día de la Libertad de Expresión del Pensamiento.[21]

✓ 2005 al fallecer el Papa Juan Pablo II, la Presidencia de la República Dr. Tabaré Vázquez –masón- determina el traslado de la estatua de Juan Pablo II, del Santuario del Señor Resucitado al pie de la Cruz donde realizó la misa en Montevideo. Generando algunas polémicas entre ellas la Federación de Iglesias Evangélica del Uruguay por intermedio de una carta pública estableció su postura el 25 de abril de 2005:

> "Estamos en un Estado laico, desde el cual no podemos menos que plantear nuestra disconformidad con este hecho, considerándolo una violación al espíritu de respeto en el marco de la laicidad que queremos vivir todos los uruguayos y uruguayas. Los símbolos religiosos, fuera de los predios propios de sus respectivas iglesias o instituciones y colocados en lugares públicos atentan contra la libertad de conciencia y la laicidad del Estado, minando sutil pero profundamente la convivencia social".[22]

El 2 de mayo se inaugura al pie de la Cruz la escultura del Papa, con apoyo expreso del presidente Tabaré Vázquez y la presencia de su señora esposa.

✓ 2008 se aprueba Ley de Educación N.º 18.437 donde se aprecia una definición de laicidad plural.[23]

✓ 19 de junio de 2014, en esa fecha patria se realiza el juramento de la bandera. En esta ocasión un colegio privado católico lo realiza en la Catedral Matriz a cargo del cardenal Daniel Sturla se encarga de señalar: "*Hoy ustedes van a jurar la bandera en el templo donde se celebran los sacramentos de la Iglesia*".

✓ 11 de agosto de 2014, en entrevista periodista en La Diaria, el cardenal Sturla manifiesta "*la sociedad uruguaya tiene un balde de laicidad*".

✓ 22 de octubre de 2015, el comandante en jefe del Ejército Guido Manini Ríos ordenó restaurar una capilla en el Hospital Militar y creó una unidad de Asuntos Religiosos en el ámbito de Sanidad Militar. Esto llevó a un pedido de informe del diputado Ope Pasquet.

---

[21] Diario de Secciones de Cámara de Senadores. Tomo 407. 15 de mayo de 2001.

[22] Da Costa - Maronna- Ob. Cit. p. 83.

[23] https://www.impo.com.uy/bases/leyes/18437-2008

✓ 18 de mayo de 2016, al celebrarse una nueva fecha patria, altos mandos militares participan en una misa en la Catedral de Montevideo, los militares concurrieron con sus uniformes e incluso con los de galas y por su parte el Gral. Guido Manini Ríos entrega un presente en nombre del Ejercito.

✓ 15 de junio de 2018, por ley se establece el 19 de marzo como "*Día de la laicidad*" votados por todos los diputados y senadores, la fecha seleccionada se debe al nacimiento de José Pedro Varela.

✓ 2022 comisión del Senado analiza proyecto de "*feriados religiosos*", con la idea de contemplar a otras religiones. No es incorporar más feriados, sino que el empleador llegara a un acuerdo con el trabajador. En la Educación Media alumnos de otra religión sin ser la católica tienen la posibilidad de faltar y no se le contabiliza la falta.

✓ 28 de marzo de 2024, el cardenal Sturla quejándose por el clásico del futbol uruguayo, fijado para el viernes Santos.

Pasando raya

En este camino de tener y garantizar una educación laica, si bien hemos visto la intromisión de lo religioso, no creer que la política partidaria también esta presente, en este caso quien hacen el seguimiento de muy de cerca son los propios partidos políticos.

Como se estableció por ley en la fecha de nacimiento de José Pedro Varela, el Día de la Laicidad, en este año 2025, la Gran Logia de la Masonería del Uruguay, lleva adelante un reconocimiento a destacadas personalidades del país, entregando el Premio Laicidad, en esta oportunidad le correspondió al Colegio Nacional José Pedro Varela. ⚜

BIBLIOGRAFÍA

Ardao, Arturo- *Racionalismo y liberalismo en el Uruguay.* Universidad de la República. Montevideo. 1962.

Diario de Secciones de la Cámara de Senadores. Tomo 305. Montevideo. 1989.

Diario de Secciones de Cámara de Senadores. Tomo 407. Montevideo. 2001.

Dotta Ostria, Mario – González Rissotto, Rodolfo- *Leandro Gómez. Artiguista, masón, defensor heroico de la independencia nacional.* Montevideo. Ediciones de la Plaza. 2014.

Dotta Ostria, Mario- *Caudillos, Doctores y Masones. Protagonistas en la Gran Comarca Rioplatense (1806-1865).* Montevideo. Ediciones de la Plaza. 2006.

Fernández Cabrelli, Alfonso- *Iglesia Ultramontana y Masonería en la transformación de la sociedad Oriental.* América Una. Montevideo. 1990.

Logia N° 166 Enrique Jacobsen- *Enrique Jacobsen- ¡NO! Dr. Enrique Jacobsen. Una personalidad que trasciende el Uruguay que cambia.* San José. Uruguay.

Monreal, Susana- *El largo camino hacia la diversidad.* Montevideo. UCU. 2005.

Néstor Da Costa, Néstor – Maronna, Mónica- *100 años de laicidad en Uruguay. Debate y procesos (1934-2008).* Montevideo. Planeta. 2019.

Pioli, Ulises Gastón- *La laicidad uruguaya y el desafío del siglo XXI.* Arca. Montevideo. 2013.

Sturla, P. Daniel- *¿Santa o de turismo? Calendario y Secularización en el Uruguay.* Montevideo. Instituto Preuniversitario Juan XXIII. 2010.

Varela, José Pedro- *La Educación del Pueblo.* Montevideo. Clásicos Uruguayos N.° 49. 1964.

Webgrafía

http://www.cmisecretariaejecutiva.org/

http://www.espectador.com/documentos/Risso.pdf

http://www.geocities.com/simbolonet/

http://www.masoneriadeluruguay.org/

http://www.reu.edu.uy/jpv/presentacion/sue.html

https://www.apel.org.uy/es

https://www.impo.com.uy/bases/leyes/18437-2008

DANIEL
PELUAS

MASONERÍA *en el* URUGUAY
LOS ORÍGENES

FIN DE SIGLO

Pablo Voltas Jurado

Investigador y conservador de multitud de
las antiguas tradiciones esotéricas orientales
y occidentales, ha traducido gran cantidad
de rituales y libros a nuestro idioma. Partici-
pante y organizador de numerosos semina-
rios nacionales e internacionales dedicados
al martinismo, es un estudioso y practicante
del mismo, siendo actualmente el legado para España de la Orden Martinista de los Caballeros de Cristo y Gran Prior de la Orden
de los Caballeros del Santo Grial.

EL COMPAÑONAJE EN FRANCIA

TRADICIÓN, FORMACIÓN Y SENTIDO DEL OFICIO

Pablo Voltas

Introducción

El Compañonaje (*Compagnonnage* en francés) es una antigua institución francesa de formación artesanal que ha perdurado durante siglos como una vía alternativa de enseñanza y transmisión del saber hacer, los valores éticos y la cultura del trabajo. A medio camino entre gremio, escuela y comunidad iniciática, el compañonaje constituye un fenómeno social y educativo profundamente arraigado en la historia y en la identidad de los oficios tradicionales franceses relativo a una comunidad de artesanos y obreros altamente calificados que se agrupan en cofradías o asociaciones. Estas comunidades enseñan oficios a través de la experiencia práctica, los viajes, y un fuerte espíritu de fraternidad.

Reconocido como Patrimonio Cultural Inmaterial de la Humanidad por la UNESCO en 2010, el compañonaje es al mismo tiempo un camino profesional, una vía de maduración personal y un sistema pedagógico alternativo, basado en valores como la excelencia, el respeto, la humildad, la fraternidad y la superación constante.

Origen e historia del compañonaje

El compañonaje tiene sus raíces en la Edad Media, aunque algunos historiadores sugieren que podría tener elementos aún más antiguos, vinculados a prácticas iniciáticas de los constructores de catedrales. Se desarrolla como una red de fraternidades entre trabajadores artesanos de distintos oficios (carpinteros, herreros, canteros, panaderos, entre otros), unidos por la búsqueda de la perfección técnica y el perfeccionamiento moral.

Durante siglos, el compañonaje se mantuvo como una vía alternativa de aprendizaje, organizada fuera de las estructuras oficiales del Estado o de la Iglesia, pero reconocida por la eficacia de su método y la calidad de sus formaciones. A lo largo del tiempo ha atravesado momentos de persecución, especialmente durante la Revolución Francesa, y de reconocimiento, particularmente en el siglo XIX y XX, cuando se consolidaron las principales asociaciones actuales.

Las organizaciones compañónicas

Hoy existen tres principales organizaciones compañónicas en Francia:

1. La Asociación Obrera de los Compañones del Deber del Tour de Francia (Association ouvrière des compagnons du devoir et du tour de France - AOCDTF), más conocida como la Asociación Obrera.
2. La Unión Compañónica de los Deberes Unidos (Union compagnonnique des devoirs unis), más conocida como la Unión Compañónica.
3. La Federación Nacional Autónoma de los Compañones del Tour de Francia (Fédération compagnonnique), más conocida como la FEDE.

Cada una de estas organizaciones conserva sus propios rituales, símbolos y estructuras, pero todas comparten una visión común del oficio como camino de vida y de perfección humana. La dimensión simbólica y moral del trabajo es central en todas ellas, más allá de sus diferencias organizativas todas ellas mantienen la tradición viva, adaptándola a los tiempos actuales, incluyendo incluso nuevas profesiones técnicas.

Valores y dimensión simbólica del compañonaje

El compañonaje no es solo una formación técnica: es una verdadera **escuela de vida**. A través de la práctica del oficio, el joven aprende valores como la humildad, la paciencia, el respeto, la solidaridad y la excelencia. La ética del trabajo bien hecho es central, y se considera que el perfeccionamiento técnico va de la mano del crecimiento personal.

La **dimensión simbólica** también es esencial. Cada oficio tiene su mitología, sus historias fundacionales, sus rituales de paso y sus símbolos. El trabajo del material se convierte así en una metáfora del trabajo interior. La **obra maestra** (chef-d'œuvre), por ejemplo, no solo demuestra la habilidad técnica del aspirante, sino también su capacidad de síntesis, creatividad y compromiso con una tradición.

EL COMPAÑONAJE EN FRANCIA
TRADICIÓN, FORMACIÓN Y SENTIDO DEL OFICIO

El sistema de enseñanza del compañonaje

El sistema de enseñanza del compañonaje constituye una de las formas más singulares y antiguas de transmisión del conocimiento artesanal en Europa. Lejos de limitarse a una simple capacitación técnica, esta pedagogía se construye sobre una sólida base ética, simbólica y espiritual, que convierte el aprendizaje en una verdadera vía de desarrollo personal y humano. El compañonaje forma al individuo en su totalidad, buscando tanto la maestría profesional como la formación de un ser autónomo, responsable y solidario.

A diferencia del sistema educativo convencional, que prioriza la teoría y el saber formal, el compañonaje se basa en una enseñanza **oral, práctica y vivencial**. Los conocimientos son transmitidos directamente por los compañones experimentados a los aprendices o aspirantes, en un proceso de acompañamiento continuo. Este vínculo entre maestro y aprendiz es central: el **modelo del saber encarnado** sustituye al saber abstracto, y la figura del maestro no es la de un mero transmisor de información, sino la de un guía ético y existencial.

El compañonaje propone un modelo pedagógico singular, que difiere notablemente de la enseñanza formal clásica. Su eje central es la formación práctica y experiencial: aprender haciendo (savoir-faire), observando, repitiendo y perfeccionando bajo la guía de un maestro o compañón formador.

Características principales del sistema pedagógico compañónico:

1. **Transmisión intergeneracional**: El saber se transmite de maestro a aprendiz, en una cadena de conocimientos viva que ha atravesado siglos. No hay libros de texto universales ni currículos estandarizados: cada oficio tiene sus técnicas, secretos y rituales que se revelan en la práctica y con el tiempo. El joven entra en contacto con la organización y empieza a recibir formación en un taller. Durante este periodo, se evalúa su motivación, actitud y capacidades. Aquí se le inculcan los primeros valores del compañonaje: humildad, compromiso, fraternidad, respeto por el trabajo bien hecho.

2. **El "Tour de Francia"**: Una de las prácticas más emblemáticas del compañonaje es el Tour de Francia, un periodo de 4 a 7 años durante el cual el joven aprendiz viaja por distintas regiones del país (e incluso al extranjero), cambiando de ciudad, de cayenne (casa de compañones) y de maestro, con el fin de adquirir una visión plural de su oficio. Este viaje fomenta la independencia, el perfeccionamiento técnico y el crecimiento personal. Cada etapa del tour ofrece nuevos desafíos, conocimientos y experiencias que enriquecen la formación del futuro compañón. Este viaje completa la formación de los jóvenes aspirantes tanto profesional como humanamente, desarrollando su adaptabilidad, autonomía y sentido comunitario.

3. **La obra maestra** (chef-d'œuvre): Este trabajo final es el equivalente a una tesis o examen final, pero con una profunda carga simbólica y artesanal. Debe demostrar no solo la destreza técnica del aprendiz, sino también su comprensión de los valores del compañonaje. Esta pieza es juzgada por un comité de compañones y, si es aceptada, el aprendiz se convierte en **compañón recibido**. Su elaboración puede tardar meses o incluso años, y su presentación forma parte de una ceremonia iniciática.

4. **Vida comunitaria**: El aprendizaje no se limita al taller. Los compañones viven en comunidad en casas llamadas cayennes o casas de compañones, donde también se forman en valores como el respeto mutuo, la responsabilidad, el trabajo en equipo, el orden, la higiene y la convivencia fraterna. Se trata de una verdadera pedagogía de la vida cotidiana. Estas casas son dirigidas por una mujer, a quien lo compañones llaman Madre, y que también es recibida a su función con un ritual simbólico.

5. **Formación moral e iniciática**: El compañonaje incorpora aspectos simbólicos y rituales heredados de la tradición gremial medieval. Los valores de humildad, búsqueda de perfección, discreción y lealtad son centrales. El ingreso pleno como compañón recibido, supone no solo el dominio técnico, sino la madurez personal y el reconocimiento de la comunidad. Es un método pedagógico que se basa en principios profundamente enraizados en la tradición gremial, pero adaptados a los desafíos del presente. Entre sus pilares destacan:

- La excelencia técnica
- La formación integral del ser
- La simbología y la tradición oral
- La movilidad geográfica y la apertura cultural

Aunque históricamente el compañonaje ha funcionado de forma paralela e independiente del sistema educativo estatal, en las últimas décadas ha habido una **aproximación progresiva y una integración parcial**. Las organizaciones compañónicas han desarrollado convenios con el Estado francés y, desde 2010, están oficialmente reconocidas como **organismos de formación profesional**.

Esto ha dado lugar a la creación de **centros de formación por alternancia**, en los que los aprendices pueden obtener títulos oficiales (como CAP, Bac Pro o BTS) al tiempo que siguen el itinerario tradicional del compañonaje. Esta doble formación, académica y compañónica, ha demostrado ser altamente eficaz y atractiva, especialmente para jóvenes que buscan un camino alternativo al modelo universitario.

Aun así, el compañonaje conserva su singularidad. La enseñanza oficial proporciona los fundamentos teóricos y legales, mientras que la enseñanza compañónica aporta el saber hacer profundo, la experiencia directa y la transmisión de valores. Es una **formación dual enriquecida**, en la que la institución escolar y la tradición gremial no se excluyen, sino que se complementan. Este modelo híbrido es particularmente eficaz, y ha sido objeto de estudios en pedagogía comparada. Combina las ventajas del reconocimiento oficial con la riqueza del aprendizaje artesanal profundo y personalizado. Este modelo ha sido fuente de inspiración para pedagogías alternativas y ha influido en corrientes como la educación integral, la formación por competencias, o el modelo dual alemán.

En definitiva, el sistema de enseñanza del compañonaje puede considerarse una **escuela de vida**. No prepara únicamente para el mercado laboral, sino para la vida en sociedad, para el compromiso con un ideal, para el respeto con uno mismo y con los demás.

Actualidad y desafíos del compañonaje

El **compañonaje francés**, a pesar de sus siglos de historia, sigue siendo una institución viva y dinámica que se enfrenta a numerosos desafíos en la actualidad. A lo largo de los años, el sistema ha mantenido muchas de sus tradiciones, pero también ha tenido que adaptarse a los cambios sociales, económicos y tecnológicos. A continuación, analizaremos la **actualidad** y los **desafíos** a los que se enfrenta el compañonaje francés hoy en día:

1. PRESERVACIÓN DE LA TRADICIÓN EN UN MUNDO MODERNO

Uno de los principales desafíos del compañonaje es la preservación de sus tradiciones en un contexto cada vez más globalizado y tecnológicamente avanzado. Las técnicas de enseñanza basadas en la transmisión oral y el trabajo manual pueden parecer desactualizadas en un mundo donde la formación y el aprendizaje suelen estar mediadas por la tecnología. Sin embargo, el compañonaje ha logrado mantener su valor al integrar ciertas prácticas tradicionales con el mundo digital.

Por ejemplo, en la actualidad se emplean plataformas digitales para conectar a los aprendices con los maestros compañones, así como para compartir recursos didácticos y mejorar el acceso a la formación. A pesar de esto, el compañonaje sigue enfocándose en el aprendizaje práctico, en los oficios manuales y en el desarrollo de habilidades a través de la experiencia directa.

2. RECONOCIMIENTO FORMAL Y ADAPTACIÓN AL SISTEMA EDUCATIVO

Aunque el compañonaje ha sido históricamente una vía alternativa de formación profesional, en la actualidad sigue existiendo una cierta falta de reconocimiento oficial dentro del sistema educativo francés. Aunque algunas de las organizaciones compañónicas están reconocidas oficialmente como centros de formación, y sus certificaciones tienen valor en el mundo laboral, no están tan integradas en el sistema educativo nacional como las universidades o las escuelas técnicas convencionales.

Este reconocimiento formal es esencial para que los jóvenes aprendices puedan obtener credenciales educativas que sean fácilmente entendidas y respetadas tanto en Francia como en el extranjero. A pesar de esto, el compañonaje sigue siendo un modelo de formación muy respetado y goza de gran prestigio entre los empleadores en sectores como la construcción, la carpintería, la cocina, la fontanería, la herrería, la tapicería, y muchos otros oficios. Los jóvenes formados por esta vía tienen una altísima tasa de empleabilidad, y muchos se convierten en artesanos independientes, jefes de taller, empresarios o formadores.

3. Atractivo para las Nuevas Generaciones

El sistema del compañonaje ha experimentado dificultades para atraer a jóvenes de las nuevas generaciones, especialmente en un contexto donde los jóvenes tienen muchas opciones profesionales y académicas. A menudo, los jóvenes no están tan inclinados a seguir una formación a largo plazo (que puede durar entre 5 y 10 años), que a veces se percibe como demasiado rigurosa o anticuada frente a las alternativas más rápidas ofrecidas por el sistema educativo convencional.

Además, las percepciones sobre las profesiones manuales han cambiado. En una sociedad cada vez más tecnológica y orientada hacia la digitalización, muchos jóvenes no ven los oficios artesanales como una opción atractiva para su futuro. El desafío radica en hacer que el compañonaje sea percibido como una carrera profesional prestigiosa y moderna, no solo como una opción de formación para aquellos que no siguen el camino académico convencional.

4. La Globalización y la Competencia Internacional

La globalización ha introducido una competencia internacional en los oficios que tradicionalmente formaban parte del compañonaje. Hoy en día, productos manufacturados en países con costos laborales más bajos pueden ser más accesibles que los productos elaborados por un compañón en Francia. Esto plantea el reto de que los oficios tradicionales del compañonaje sigan siendo competitivos no solo en calidad, sino también en costos.

Sin embargo, muchos compañones defienden que la calidad artesanal y el saber hacer francés son inimitables, y que la auténtica tradición del compañonaje puede aportar un valor que no puede ser replicado por la producción masiva. No obstante, el reto para el compañonaje es demostrar que sus habilidades no solo son de alto nivel técnico, sino que también pueden innovar para satisfacer las demandas del mercado moderno.

5. El Compañonaje en el Contexto de la Sostenibilidad

Uno de los aspectos más interesantes y actuales del compañonaje es su relación con la sostenibilidad. El compañonaje se basa en una tradición de trabajo que prioriza la calidad sobre la cantidad, la durabilidad de los materiales y la innovación en la construcción de productos y edificios. Estos principios coinciden de manera natural con los valores contemporáneos de sostenibilidad y respeto por el medio ambiente.

Los artesanos del compañonaje se han adaptado al creciente interés por materiales ecológicos y procesos de construcción sostenibles. Además, la reparación y la restauración de edificios históricos, una especialidad del compañonaje, juega un papel crucial en la conservación del patrimonio arquitectónico, algo que está muy alineado con las tendencias globales hacia la preservación ambiental. Como ejemplo la restauración de la catedral de Notre Dame de París, después del devastador incendio de abril de 2019, fue llevada a cabo en gran parte por maestros compañones, que eran los únicos capacitados para restaurar según los cánones requeridos ese Templo.

6. El Papel de las Organizaciones Compañónicas

En cuanto a la estructura interna, las organizaciones compañónicas deben adaptarse para poder seguir cumpliendo su misión educativa y profesional en un contexto globalizado. Estas organizaciones, que agrupan a los maestros compañones, los aprendices y los jóvenes compañones, también deben gestionar la tensión entre mantener su autonomía y sus valores tradicionales y la adaptación a los nuevos tiempos.

En la actualidad, el compañonaje ha establecido relaciones con otras organizaciones profesionales, tanto en el ámbito nacional como internacional. Participan activamente en ferias, simposios y otras actividades que les permiten mantenerse a la vanguardia de los desarrollos tecnológicos y compartir sus conocimientos con una audiencia global.

7. Futuro del Compañonaje

El futuro del compañonaje dependerá de su capacidad para adaptarse a los cambios sociales y económicos, sin perder su esencia artesanal y educativa. Para ello, será crucial rejuvenecer su imagen ante los jóvenes y demostrar que ser un compañón no es solo una opción profesional, sino también una vocación que permite desarrollar habilidades que van más allá de la simple técnica, involucrando aspectos de identidad cultural y filosofía de vida.

Además, el compañonaje deberá seguir evolucionando para responder a los desafíos contemporáneos, como la digitalización de los oficios y la sostenibilidad, mientras mantiene su enfoque en el trabajo manual y el saber hacer.

En resumen, el compañonaje sigue siendo una tradición importante en Francia, pero su futuro dependerá de cómo se adapte a la modernidad y a los cambios globales. Su supervivencia en el siglo XXI requiere innovación, adaptación a los tiempos actuales y, al mismo tiempo, preservación de sus valores y tradiciones.

Conclusión

El compañonaje es una institución singular que ofrece mucho más que una formación profesional: es una comunidad viva, un camino de perfección técnica y moral, una tradición que combina modernidad y herencia simbólica. En diálogo con el sistema educativo francés, representa una alternativa eficaz y profundamente humana para quienes buscan no solo aprender un oficio, sino construir una identidad y un sentido de pertenencia a través del trabajo bien hecho. Su capacidad para formar seres humanos completos a través del trabajo artesanal lo convierte en una alternativa valiosa ante los desafíos de la educación contemporánea. En un mundo cada vez más dominado por la técnica sin alma, el compañonaje recuerda que todo verdadero saber hacer es, también, un saber ser.

La única obra en español que aborda el Compañonaje desde una perspectiva iniciática
y filosófica, revelando sus vínculos profundos con la tradición masónica.

René Rampnoux, Gran Maestro Adjunto del GODF (2014), miembro de la logia Les Françaises et neuf Sœurs réunies (Burdeos, 1740). Es el autor de *La filosofía llama a la puerta de la Logia: Fundamentos para el francmasón*, MASONICA, 2019.

Stéphane Brunel, Gran Maestro Adjunto del GODF (2021), miembro de la logia Les Françaises et neuf Sœurs réunies (Burdeos, 1740). Maestro de conferencias en la Universidad de Burdeos.

LA ESCUELA

Y EL

GRAN ORIENTE DE FRANCIA

René Rampnoux - Stéphane Brunel

Ciertamente, la primera Gran Logia de Francia cambió de nombre en 1773 para llamarse Gran Oriente de Francia (GODF). Pero fue entre 1877 y 1914 cuando en el GODF arraigaron los valores que aún siguen siendo suyos, y esto ocurrió en el contexto de su fuerte presencia en tres asuntos sociales de la época: la laicidad, una escuela pública y una moral republicana. Las tres luchas se entrelazaron y materializaron en la institución escolar. La victoria de las ideas republicanas le debe tanto a los francmasones del GODF que esa victoria marcó profundamente a la obediencia, que sigue anclada en la nostalgia: nunca volverá a tener tanta influencia.

1. En la época de la Tercera República

La Tercera República fue proclamada en septiembre de 1870, tras la derrota contra Prusia, pero no se estableció firmemente hasta después de la dimisión del presidente de entonces, el general monárquico Mac Mahon, en 1879. Su primera gran obra referida a la escuela como institución, fue la laicidad como principio político y, en ese momento, como una lucha. El desafío era la institución de la "sociedad civil", por retomar los términos del siglo XIX, es decir, una sociedad organizada por sí misma, sin referencia a una autoridad superior trascendente: una "sociedad sin Dios y sin rey". Sin embargo, la Iglesia católica condenaba en ese momento los principios de la Revolución francesa como contrarios al orden deseado por Dios. Para ella, la obediencia se debía a las autoridades naturales, y la verdad —la suya— era la única que tenía derechos. Para los republicanos, la única autoridad legítima provenía del sufragio universal. Oponían las verdades demostradas de la ciencia a las verdades, reveladas, de la religión.

La lucha republicana era, por tanto, doble:

- luchar contra las pretensiones de la Iglesia de regir la política, es decir, contra el clericalismo.

- para que la III República perdurase, a diferencia de las dos primeras, era necesario educar a los votantes, no solo para que leyeran el periódico, sino sobre todo para que no creyesen sin examen y sin pruebas lo que se les decía; que se determinasen con razón y pensasen libremente.

1.1 El Gran Oriente de Francia

UNA FUERTE PRESENCIA

Desde 1852, el Gran Maestro Lucien Murat pidió a los masones que se comprometieran en favor de la enseñanza "liberal" en nombre del respeto a la libertad y a la pluralidad religiosa, ante la voluntad de hegemonía de la Iglesia católica: "Nosotros, de hecho, no rechazamos ninguna creencia religiosa, siempre que se base en la moral... ¿no hemos recibido de nuestros antepasados la noble misión de impedir... que los hijos de nuestros hermanos caigan en manos de la intolerancia?[1]" Pero existía una oposición interna: "Despreciamos la independencia moral.[2]"

Era una época en la que el GODF estaba en plena expansión: la Obediencia pasó de 8.500 miembros a mediados del Segundo Imperio a 18.000 miembros en la década de 1880. Junto a notables y pequeños artesanos (los sectores populares estaban más representados en las logias parisinas que en provin-

---

[1] *Boletín del GODF*, febrero-marzo 1853, citado por Pierre-André Mailly.
[2] Luc-Pierre Richard-Gardon (1811-1885), abogado y periodista.

cias), el reclutamiento de las logias se diversificó, aunque contaban con muy pocos docentes, de lo que se lamentaba en el convento de 1870 hasta el punto de ofrecerles una tarifa reducida. En cambio, los políticos estaban bien representados. Fue durante ese período cuando la Orden se secularizó, por primera vez en 1865 (la francmasonería "no excluye a nadie por sus creencias"), y definitivamente después del convento de 1877. Desaparecieron el artículo 1 de su Constitución "la existencia de Dios y la inmortalidad del alma", y la referencia al Gran Arquitecto del Universo ya no era obligatoria. El GODF evolucionaría de una sensibilidad deísta pero anticlerical hacia el agnosticismo y el ateísmo.

Era una sociedad de pensamientos muy diversos por razones geográficas, París y las provincias, por el pasado vivido y por la orientación de cada logia. Se podían encontrar positivistas, espiritualistas, ateos, creyentes, deístas, teístas: "La Masonería no debe tener una filosofía porque debe estar unida, y ninguna filosofía podría reunir en este momento la unanimidad de los sufragios.[3]"

EL DESAFÍO DE LA ESCUELA

Dos motivos distintos y complementarios subyacían en la iniciativa masónica. El primero era de orden filosófico. Era necesario "alejar el velo de la ignorancia que cubría los ojos de los niños como un pañuelo". El hombre que ignora no puede juzgar nada, al espíritu dominante solo le interesa mantenerlo en la ignorancia para esclavizarlo mejor. La instrucción libera el espíritu y lo hace digno de la libertad. La francmasonería, que quería el derecho a la consciencia, debía dotarse de la facultad del discernimiento a través del conocimiento de todas las cosas, lo que nuestros hermanos belgas llamaban el libre examen. Esto constituía, desde 1877, un proyecto masónico de primera importancia, colocado en el corazón de las columnas de los templos. Debía desembocar en una escuela pública, laica, gratuita y obligatoria, con enseñanza laica, es decir, liberada de la tutela de las congregaciones. Este proyecto ocupaba de manera sostenida y regular los trabajos de la Orden en su conjunto. A veces también se le llamaba la "Escuela única".

Como mencionaba paralelamente Jules Michelet, la monarquía no se ocupaba de formar para la República. Solo la legislación y la educación republicanas podían formar a los hombres para la República. Pero la misma República era previamente necesaria, para querer y decretar esas leyes y esa educación, acto de transición de la infancia a la madurez social.

La imperiosa necesidad de educación, condición primordial de la emancipación, era una convicción compartida por todos los Hermanos. "Es necesa-

---

[3] Discurso del Orador del Convento de 1876, Grégoire Wyrouboff (1843-1913, discípulo de Auguste Comte, titular de la cátedra de historia de las ciencias en el Collège de France, venerable maestro de la logia La Clémente Amitié al Oriente de París).

rio que la instrucción esté al alcance de todos; el niño mismo debe estar obligado a buscar gratuitamente en las escuelas civiles, una instrucción.[4]" "No admitimos los sistemas que reducen la ambición del hombre a ser simple de espíritu y despreciador de los bienes que la Providencia ha puesto a nuestra disposición en este mundo. La civilización, según nuestros principios, es el desarrollo de la instrucción.[5]"

¿El enemigo? Las Congregaciones religiosas, especialmente la Compañía de Jesús. El *Journal des initiés – Periódico de los iniciados*, muy espiritualista por otra parte, denunció en 1862 "los efectos subversivos de todo tipo que son consecuencia de la educación y la instrucción dadas en los establecimientos clericales." A instancias de Léon Gambetta y Jules Ferry, Charles de Freycinet, presidente del Consejo de ministros, redactó los decretos de expulsión de Francia de las congregaciones en 1880.

La moral en la escuela

La ley Guizot, promulgada en junio de 1833, impuso a cada comuna de más de 500 habitantes abrir al menos una escuela pública elemental. "La instrucción primaria elemental comprende necesariamente la instrucción moral y religiosa... Habrá cerca de cada escuela comunal un comité local de vigilancia compuesto por el alcalde, el cura o el pastor..." La ley Falloux de marzo de 1850 amplió la influencia de las religiones en el funcionamiento de la enseñanza y su control, lo que hizo que Victor Hugo, convertido en laico, dijese: "La Iglesia en su casa y el Estado en la suya."

Antes de la introducción de los cursos de moral en la enseñanza francesa por las leyes de Jules Ferry, los debates fueron intensos en las logias, ya que ¿cómo pensar en una moral sin un sustrato religioso? "No hay moral que pueda mantenerse en pie sin la ayuda de la proclamación y el reconocimiento de un principio inmaterial superior.[6]" Sin embargo, la moral es un pilar de la educación. El papel del hermano Massol fue determinante; "Enseñaremos los derechos y los deberes del niño y del ciudadano, en nombre de la libertad, de la conciencia y añado de la razón.[7]"

Los términos del debate

Una oposición binaria: ¿espiritualismo o ateísmo?, es decir, ¿clericalismo o libre pensamiento?, o, en términos escolares, ¿enseñanza laica o enseñanza religiosa? Como siempre, solo una minoría de los miembros del GODF estaba concernida por los desafíos de la educación. Habían leído a Condorcet[8]:

---

[4] Logia L'Étoile de Chaumont en 1874, citado por Jean-Paul Delahaye.
[5] Discurso en 1862 del gran maestro adjunto, durante la instalación de la nueva logia en Libourne, *La Escuela de la Moral*, citado por Jean-Paul Delahaye.
[6] *Le Monde maçonnique*, enero de 1873.
[7] Logia *La Rose du parfait silence* citado por Jean-Paul Delahaye.
[8] Su cuñado Georges Cabanis era miembro de la célebre logia de las Nueve Hermanas, al Oriente de París.

"La autoridad pública no tiene derecho a vincular la enseñanza de la moral a la religión... Se debe separar cuidadosamente la moral de cualquier relación con opiniones religiosas... No se debe incluso vincular la instrucción de la moral a las ideas generales de la religión.[9]" La difusión de la instrucción se verá cada vez más ligada a la idea de la ciencia como base de una moral universal. En realidad, el consenso no estaba lejos de existir en las logias porque la enseñanza científica excluye de hecho cualquier discusión doctrinal. Con esta bella síntesis de Jean Macé: "Un eclesiástico que se presentara para enseñarlas, bajo la condición que hemos planteado de no convertirlo en un pretexto para la polémica, sería admitido muy positivamente, pero estas condiciones, ninguna congregación religiosa podría aceptarlas, está bastante claro.[10]"

La primera toma de posición oficial del Gran Oriente a favor de la laicidad de la instrucción data del Convento de junio de 1870, con ocasión de una simple iniciativa de una logia de Estrasburgo. Por unanimidad, la asamblea votó a favor de una "instrucción gratuita, obligatoria y laica". El Gran Maestro y además prefecto Babaud-Laribière, se encontró ante un hecho consumado. En 1880, el Gran Maestro de entonces, Antoine de Saint-Jean, denunció "el despotismo religioso" en "la educación francesa": "La ciencia pertenece a la escuela, la religión a la familia o al individuo y ustedes contribuirán a hacer prevalecer la Razón, único guía infalible de la humanidad.[11]" Se superó un último umbral con una franca hostilidad hacia las creencias: "Debemos proseguir de la manera más enérgica y constante, en nuestra sociedad francesa, con la eliminación de la influencia religiosa... Todo acto de fe en creencias indemostradas e indemostrables es un acto de abdicación.[12]" El Orador del Convento de 1879 lo cerró con estas palabras: "¡Ah, qué razón tienen al oponer la ciencia a la fe![13]"

1.2 Los francmasones implicados

Antes de las leyes de Jules Ferry, las logias creaban bibliotecas o contribuían a su creación, organizaban distribuciones de premios, creaban o apoyaban la instauración de escuelas sin tutela y laicas. Las revistas masónicas apoyaban la lectura. "Somos la vanguardia de la educación laica y republicana, y que en todas partes donde haya un niño, en todas partes donde haya una escuela, se encontrará la mano de un francmasón, para que la célebre

---

[9] *Cinco memorias sobre la instrucción pública.*
[10] Jean Macé, *L'Opinion nationale,* febrero de 1869.
[11] *Boletín del GODF,* agosto de 1880, citado por Pierre-André Mailly.
[12] *Boletín del GODF,* noviembre de 1885, citado por Pierre-André Mailly.
[13] *Boletín del GODF,* octubre de 1879, citado por Pierre-André Mailly.

palabra se convierta en una verdad: La Francmasonería y la Educación son una sola y misma cosa.[14"]

Sin embargo, a través de la acción de sus miembros en sus funciones políticas, fue como se marcó la importancia del GODF. ¿Quiénes fueron? Destaquemos a los más importantes.

EDGAR QUINET, 1803-1875

Escritor, historiador, profesor en el Collège de France y diputado republicano, fue anticlerical y anticatólico, pero no antirreligioso. Inspirador de Jules Ferry, estableció las bases de "la enseñanza nacional, obligatoria y laica" y abogó por la Educación primaria superior[15] para las jóvenes. "El maestro laico al intervenir en la religión introduce la herejía, el sacerdote, al intervenir en la escuela introduce la servidumbre. ¿Qué hay que hacer? Separarlos... " [es] rigurosamente necesario separar de la moral los principios de toda religión particular, y no admitir en la instrucción pública la enseñanza de ningún culto religioso.[16"] Las logias lo siguieron y denunciaron a la Iglesia, "esta influencia oculta que se ejerce sobre nuestras madres, nuestras mujeres, nuestras hijas, y que, perturbando su conciencia, no provoca más que desacuerdo en las familias... Ha llegado la hora de desarrollar la instrucción popular en todos los niveles.[17"]

Fue iniciado en el Gran Oriente de Francia.

FERDINAND BUISSON, 1841-1932

Filósofo, pedagogo y diputado de Seine, fue cofundador de la Liga de los Derechos del Hombre (1898), presidente de la Liga de Enseñanza de 1902 a 1906 y premio Nobel de la Paz en 1927. Coordinó el trabajo de 350 autores para su *Diccionario de pedagogía e instrucción primaria,* verdadera biblia de la escuela laica y republicana. Creó la palabra "laicidad".

Era francmasón[18].

---

[14] Gustave Francolin, orador del Convento de 1879, citado por Jean-Paul Lévy, *"El fénix" en el Oriente de Joigny, una logia de provincia tras el Convento de 1877, La cadena de unión,* 2019.

[15] Una enseñanza de dos años adicionales después de la escuela primaria, que terminaba a los 13 años. Sustituido por el colegio en 1941.

[16] *L'Enseignement du peuple – La Enseñanza del pueblo,* 1850.

[17] *Boletín del GODF,* noviembre-diciembre de 1866, citado por Jean-Paul Delahaye.

[18] Michel Gaudart de Soulages, Hubert Lamant, *Dictionnaire des francs-maçons français – Diccionario de los francmasones franceses,* 1995.

LA ESCUELA Y EL GRAN ORIENTE DE FRANCIA

LÉON GAMBETTA, 1838-1882

Estadista, gran figura del arraigo de la Tercera República, varias veces ministro y presidente del Consejo (1881-1882), era extremadamente popular. Estaba ausente de París durante la Comuna, de vacaciones en San Sebastián.

Fue iniciado francmasón en mayo de 1869 en la logia *La Réforme*, al Oriente de Marsella. Se puso en sueños en 1872.

JULES SIMON, 1814-1896

Filósofo y académico, fue ministro de Instrucción Pública (generalizó las escuelas de maestros) y luego presidente del Consejo de ministros. Como ministro, restableció el catecismo en las escuelas de París y sancionó a los maestros de Lyon que ya no lo enseñaban.

Fue iniciado el 3 de julio de 1870, en la logia *Le Réveil maçonnique*, al Oriente de Boulogne-sur-Seine. Rompió con la francmasonería en 1880 cuando los espiritualistas se hicieron minoritarios.

FRANCISCO FERRER, 1859-1909

Heredero de una fortuna, creó en Barcelona en 1901 una escuela laica liberada de la influencia de la Iglesia, del Estado, de los dogmas y de las supersticiones: *La Escuela Moderna*, proyecto educativo racionalista que promovía la mixticidad, la igualdad social, la transmisión de una enseñanza racional, la autonomía y la ayuda mutua. Fue la primera de una red que contó con más de un centenar en la España de 1907 e inspiró las *escuelas modernas* en los Estados Unidos y las nuevas corrientes pedagógicas. Atrajo el odio de la Iglesia que detentaba el monopolio de la educación. Arrestado durante la huelga insurreccional de Barcelona contra la intervención militar en Marruecos, fue fusilado.

Fue iniciado en 1883 por la logia *Los Hijos del Trabajo*, al Oriente de Barcelona. Exiliado por razones políticas, se afilió en marzo de 1890 a la logia *Les Vrais Experts* del Gran Oriente de Francia.

LA ESCUELA Y EL GRAN ORIENTE DE FRANCIA

JEAN MACÉ, 1815-1894

Periodista, docente y senador, fue uno de los fundadores de la Liga de la Enseñanza, movimiento laico de educación popular (1866) nacido en Bélgica (1864). Participó activamente en la elaboración de las leyes que iban a reformar la enseñanza pública. Era muy reservado en el uso de la palabra laicidad, prefiriendo la palabra neutralidad, ya que lo esencial para él era la obligación escolar.

Fue iniciado en mayo de 1866 por la logia *La Parfaite Harmonie*, al Oriente de Mulhouse. "Hace ocho días, La Parfaite Harmonie iniciaba a Jean Macé... En esta circunstancia, la Logia ha querido afirmarse y dar a conocer públicamente sus tendencias hacia el progreso y la moralización del pueblo a través de la instrucción... Que todos sigan su ejemplo, y la luz ya no estará envuelta en las tinieblas de la superstición y el oscurantismo[19]".

Para Macé, "la difusión de la instrucción es, de hecho, una Obra esencialmente masónica... La ejecución del compromiso que se toma al ingresar, el de trabajar para iluminar a los hombres y hacerlos mejores.[20]" Diecisiete logias como tales se adhirieron a la liga de la enseñanza y en 1881, el Congreso de la Liga se llevó a cabo en las instalaciones del Gran Oriente de Francia, en la calle Cadet de París. La Iglesia denunció lo que le parecía una tapadera de la francmasonería: "La Liga no es más que un medio para difundir las tinieblas de la francmasonería.[21]" Esto exageró su papel en el nacimiento de la Liga: "No es la francmasonería la que ha creado la Liga.[22]"

ALEXANDRE MASSOL, 1805-1875

Periodista y filósofo discípulo de Saint-Simon, propuso una moral universal totalmente independiente de la religión, que se basaría en la naturaleza libre y responsable del Hombre y el respeto mutuo de la persona. El artículo 1 de la Constitución del GODF dice: "La Francmasonería tiene como principios la tolerancia mutua, el respeto a los demás y hacia uno mismo." Iniciado en 1855 por la logia *Renaissance d'Hiram*, se convirtió en 1863, en Venerable de la logia *La Renaissance por los Émules d'Hiram*, al Oriente de París. A través de su revista *La Morale indépendante*, sus concepciones eran bien conocidas en la obediencia, pero seguían siendo minoritarias. El giro de 1877 aún no se

---

[19] *Boletín del GODF*, mayo de 1866, citado por Pierre-André Mailly.
[20] Citado por Daniel Borzeix.
[21] Mgr Dupanloup, *Le Siècl*, 1868, periódico monárquico.
[22] Jean Macé, *Le Monde maçonnique*, diciembre 1868-enero 1869.

había dado. Fue miembro del Consejo de la Orden, pero cuando se postuló para la Gran Maestría, obtuvo menos del 3% de los votos.

ÉMILE LITTRÉ, 1801-1881

Filósofo, médico, autor del célebre Diccionario de la lengua francesa, diputado y senador, participó en las revoluciones de 1830 y 1848. Fue iniciado a los 74 años por la logia *La Clémente Amitié*, al Oriente de París.

JULES FERRY, 1832-1893

Abogado, periodista, político, diputado y alcalde de París, pero opositor a la Comuna de París. Libre pensador, solo se casó civilmente. Fue ministro de Instrucción Pública y Bellas Artes entre 1879 y 1883, promotor de "la escuela pública laica, gratuita y obligatoria". Fue presidente del Consejo de ministros de 1880 a 1881 y de 1883 a 1885.

"En el momento de proponer a los alumnos un precepto, una máxima cualquiera, pregúntense si hay un solo hombre honesto que pueda sentirse ofendido por lo que van a decir. Pregúntense si un padre de familia, digo uno solo, que esté presente en su clase y escuchándolos, podría de buena fe negarse a dar su asentimiento a lo que los escucharía decir. Si es así, absténganse de decirlo; si no, hablen con valentía: porque lo que van a comunicar al niño no es su propia sabiduría; es la sabiduría de la humanidad, es una de esas ideas de orden universal.[23]"

Reservado hasta entonces sobre el comportamiento de algunos masones, fue iniciado el 8 de julio de 1875 por la logia *La Clémente Amitié*, al Oriente de París en el gran Templo del Gran Oriente de Francia, calle Cadet, el mismo día que Émile Littré, en presencia de Gambetta, Crémieux, Rochefort. Luego Ferry se afilió a la logia Alsace-Lorraine. Rendiría homenaje a los apoyos protestantes con ocasión de sus grandes leyes, no a sus hermanos masones. Sin embargo, su jefe de gabinete, el futuro ministro de Instrucción Pública (1896-1898) Alfred Rambaud, fue iniciado el 13 de marzo de 1881 en la misma logia que su ministro, *La Clémente Amitié*. Jules Steeg (1836-1898)

---

[23] *Carta a los maestros*, noviembre de 1883.

miembro de su gabinete, pastor protestante y diputado de Gironde, también fue iniciado[24].

JEAN ZAY, 1904-1944

Abogado y diputado, fue ministro de Educación Nacional y Bellas Artes del gobierno del Frente Popular y gran defensor de la escuela republicana.

Fue asesinado por la Milicia.

Fue iniciado en 1926 por la logia *Étienne Dolet*, al Oriente de Orleans, a los 22 años.

CHARLES RENOUVIER, 1815-1903.

No fue francmasón, pero su influencia sobre las logias fue considerable.

Politécnico, filósofo kantiano y libre pensador, muy leído por los francmasones. El desarrollo de la instrucción y del sufragio universal no ilumina al pueblo sobre sus instintos. Si no se acompaña de una reflexión sobre la posibilidad de acceder a la libertad, el sufragio no sirve de nada. La escuela enseña la moral para desarrollar el altruismo y la sociabilidad. Así, el niño comprende su lugar en el todo. El Estado debe imponer la selección basada en el éxito y el mérito, porque de lo contrario, sería la reproducción social de las desigualdades la que proveería a la promoción. "Fundaremos la Jerusalén cristiana, esa verdadera República donde el espíritu de Grecia y la fuerza de Israel se unirán en el corazón de Francia, y de la cual Cristo, si reapareciera aquí, no despreciaría decir que es ciudadano.[25]" Hay que "excluir la moral papista de la escuela e introducir en la escuela la moral racional.[26]"

1.3 El gobierno de Jules Ferry

Los francmasones republicanos se oponían a los católicos monárquicos. Todo se cristalizó en el momento de la adopción de las grandes leyes sobre la educación. Los candidatos republicanos a las elecciones de 1878 debían aceptar un mandato formulado así: "Votará por la laicidad absoluta de la enseñan-

---

[24] También presente en el *Diccionario de pedagogía* de Ferdinand Buisson, página 134.
[25] *Manual republicano de los Derechos del hombre y del ciudadano.*
[26] *Crítica filosófica.*

za en todos los niveles, que deberá ser obligatoria y gratuita[27]". Los católicos veían en ello el objetivo de la francmasonería: apoderarse de la juventud.

E. d'Avesne (*La Franc-Maçonnerie et les projets Ferry*, libro publicado en 1879), seudónimo del Padre Frédéric Rouvier, sacerdote jesuita, enumeró 21 senadores y 74 diputados francmasones en 1879, lo que parecía ser una buena evaluación. Si los francmasones representaban el 15% del total de los diputados y el 7% de los senadores, ocupaban más de la mitad del tiempo de palabra durante los debates. Se oponían a que los programas de la escuela primaria incluyeran "nociones generales sobre la existencia de Dios, independientes de cualquier dogma" y a la posible utilización de los locales escolares por parte del cura para que pudiera impartir enseñanza religiosa fuera del horario escolar.

Su obra

Frente a los intransigentes de extrema izquierda, donde se encontraban los francmasones, Jules Ferry mantuvo una línea moderada: "Queremos la lucha anticlerical, pero la lucha antirreligiosa... ¡nunca![28]". Pero los comportamientos, como los votos, mostraban claramente que no existía ninguna consigna proveniente de la obediencia. Se podía ser diputado o senador antirreligioso o espiritualista. Pero el supuesto poder atribuido a los francmasones finalmente les halagó, y sus desmentidos se hicieron bastante atonales. Acompañaban más que provocar los cambios. Nada nuevo, en cierta medida.

Su gran obra fue la "Ley sobre la enseñanza primaria obligatoria" del 28 de marzo de 1882:

"Art. 1 La enseñanza primaria comprende: la instrucción moral y cívica...

Art. 2. - Las escuelas primarias públicas tendrán un día de vacaciones a la semana, además del domingo, para permitir a los padres dar, si así lo desean, a sus hijos la instrucción religiosa, fuera de los edificios escolares.

Art. 4. - La instrucción primaria es obligatoria para los niños de ambos sexos que tengan entre seis y trece años cumplidos."

Las fuerzas de la reacción

"Los Ferry, los Buisson y tantos otros eran masones de la más estricta y rigurosa observancia. Su doctrina, la conocemos, y está inscrita en la memoria de nuestras masas como un nuevo catecismo. Es la creencia en la bondad natural del hombre y en su perfectibilidad indefinida, es la fe en la ciencia dada como única fuente del conocimiento, en una fraseología humanista es donde se esconden todos los sofismas y donde pueden ampararse todas las ambi-

---

[27] Jean-Paul Delahaye.
[28] *Periódico oficial,* junio de 1881.

ciones, es la democracia cuya fétida bajeza hemos destruido, presentada como el ideal de los gobiernos.[29]"

LA IGLESIA

El *Syllabus errorum* del Papa Pío IX de diciembre de 1864, condena solemne de los errores de la modernidad, era un trapo rojo agitado frente a los francmasones y al pueblo laico en Francia. La provocación era tal que Napoleón III prohibió su publicación. A través de la encíclica *Humanum genus* (abril de 1884), el Papa León XIII condenó "el relativismo filosófico y moral de la francmasonería" y recordó que "la secta concentra también todas sus energías y todos sus esfuerzos en apoderarse de la educación de la juventud". Para la Iglesia, la francmasonería se había apoderado de los engranajes de la Escuela para quitar a Francia todas sus tradiciones, con la ayuda de teorías y de una pedagogía perniciosa.

EL COLAPSO DE 1940

La escuela republicana ha muerto, ¡viva la escuela del Mariscal! Esa escuela "realmente nacional", que había soñado durante mucho tiempo, hasta el punto de haber deseado, se dice, ocupar el cargo de ministro de Educación Nacional para llevarla a cabo, el mariscal Pétain la prometió desde su llegada al poder. "La escuela de la Tercera República ha desaparecido con ella, bajo el huracán de la derrota, de la debacle de las instituciones y el desastre de la patria. La Escuela nacional, la escuela de Francia, la reemplazará... Entre las tareas que se imponen al gobierno, no hay ninguna más importante que la reforma de la Educación nacional", aseguró el 15 de agosto de 1940. Experimentando la necesidad, como Renan tras la derrota de 1870, de una "Reforma intelectual y moral", los hombres de Vichy solo tienen prisa para forjar el instrumento. Y este solo puede ser la escuela. Esa nueva escuela, que Vichy se propone edificar sobre las ruinas de la antigua, debe inscribirse en continuidad y ruptura con respecto a la que funcionaba en 1939.

2. Actualidad de la cuestión de la escuela en el GODF

2.1 Acontecimientos

EN EL GODF

En 1962, el GODF organizó en la UNESCO un coloquio de tres días sobre el tema: "La Educación nacional del mañana". Las palabras clave de la declaración final: "una prioridad absoluta", "soluciones audaces y urgentes" exigidas, "agudeza dramática", espera de una "adhesión resuelta y exigente de la

---

[29] *La Gerbe*, órgano colaboracionista.

opinión", palabras. En el Convento del Gran Oriente de Francia en 2007, el Gran Maestro propuso a la obediencia iniciar una reflexión sobre la cuestión de la escuela con una grave constatación: "La igualdad ante la instrucción de la que el plan Langevin-Wallon hacía un principio elemental de justicia ya no funciona.[30]" "La escuela... parece impotente para frenar el declive de la ciudadanía, lo que podría poner en peligro a la República.[31]" La conclusión: "La reflexión del Gran Oriente de Francia, ya sea datada en 1962, en 2009, en 2011 o en 2012, pone de manifiesto un pensamiento masónico coherente de una época a otra, de una Logia a otra[32]." Una visión premonitoria: "La educación de los jóvenes en la ciudadanía debe ser el objetivo fundamental y prioritario de la Escuela republicana del futuro." Los peligros se perciben claramente: "los comportamientos incívicos o la violencia en numerosos jóvenes, y en los adultos la abstención masiva en las elecciones.[33]" Pero los principios establecidos chocan con la realidad:

- "la coeducación con las familias,
- la escuela de la República debe abrirse a la sociedad, protegida de todos los peligros por una fuerza y un resplandor que le vendrán... de su capacidad para formar ciudadanos y nutrir la democracia[34]."

En octubre de 2015, una nueva interrogante: "¿Qué ambicionamos para la Escuela en los próximos 20 años?".

EN LA ESCUELA

La toma de conciencia tuvo lugar en enero de 2015 con los "incidentes" que tuvieron lugar en los establecimientos escolares con motivo del minuto de silencio por los atentados de París: la redacción del periódico *Charlie Hebdo*, policías y clientes de un supermercado kosher. La brutalidad del shock provocó un giro de los socialistas en el poder. Se abandonó la "refundación" progresista de la escuela, la escuela abierta, para regresar a los valores de la República. El diagnóstico es duro: algunos de los asesinos pasaron por la escuela de la República. Los asesinatos de los profesores Samuel Paty (octubre de 2020) y Dominique Bernard (octubre de 2023) traumatizaron al mundo escolar.

Aunque el Ministerio de Educación Nacional francés resulta ser el primer empleador de Europa, se enfrentó a una serie de bloqueos: contratación de docentes, bajo nivel de los alumnos, gran desigualdad de oportunidades, colegio único mal ubicado para los niños de 12 a 15 años, competencia con el sector privado que vio como su Índice de Posicionamiento Social aumentó un 2% en dos años.

---

[30] Camille Binder, *Esa bella idea de la escuela laica, pública y obligatoria.* Humanismo 2008.
[31] Pre-informe sobre *La Escuela Republicana del Futuro,* 2012
[32] Pre-informe sobre *La Escuela Republicana del Futuro,* 2012
[33] Informe resumido sobre *La Escuela Republicana del Futuro,* 2012.
[34] Informe resumido sobre *La Escuela Republicana del Futuro,* 2012.

2.2 ¿Qué escuela?

Es necesario ver cómo se presentaba esa escuela del "antiguo régimen", que Pétain hizo responsable de todos los males y que, sin que hubiera sido necesario derribarla, se habría desplomado como un castillo de naipes, arrasada por la derrota. La escuela de la primera mitad del siglo se encontraba desgarrada entre dos ideologías opuestas. Una, republicana, que buscaba democratizar la enseñanza instaurando la escuela única, cuyos efectivos provenían de las Ligas de la enseñanza y los derechos humanos, del Gran Oriente de Francia... La otra, la de la meritocracia, conservadora, defendía un sistema educativo como medio para mantener el orden social y preservar los valores tradicionales. Esto se manifestaba en una enseñanza secundaria elitista: "La escuela debe proceder a la selección de quienes tendrán la responsabilidad de conducir los asuntos humanos en una sociedad donde las funciones y posiciones ya no se supone que resultan del azar del nacimiento" (Frédéric Mole). Las circulares Jean Zay (diciembre de 1936 y mayo de 1937) buscaban garantizar que la escuela siguiera siendo "el asilo inviolable donde no penetren las querellas de los hombres... Se considerará un signo político todo objeto cuyo porte constituya una manifestación susceptible de provocar una manifestación en sentido contrario... Se procederá, en la medida de lo posible, por la persuasión más que por la coerción... Es evidente que las mismas prescripciones se aplicarán a las propagandas confesionales." La ley de julio de 1989, promovida por Lionel Jospin en nombre de la democracia y en contraposición a una visión republicana, anuló estas circulares: "En los colegios e institutos, los alumnos dispondrán, por respeto al pluralismo y a la neutralidad, libertad de información y libertad de expresión."

LA INSTRUCCIÓN CÍVICA

Si la III República estableció una enseñanza pública y laica muy sólida, haciendo retroceder la ignorancia y el oscurantismo religioso, fracasó en implantar de forma definitiva la democracia, ya que la República se desplomó militar y políticamente en 1940: la élite y la población se alinearon con un Estado de inspiración fascista. En la ley de 1882, lo esencial se basaba en la instrucción cívica cuyo objetivo era "hacer conocer el país, hacer amar la patria [35]". Esto solo concernía a la enseñanza primaria. Si bien la moral desapareció de los programas tras 1968, la educación cívica recuperó algo de vigor en 1985, tanto en la escuela como en el colegio. "La educación cívica, jurídica y social se introdujo en los institutos en 1999. Pero el diagnóstico sigue siendo el mismo hoy: la educación cívica, "no funciona... No hay discusión de que los programas desde el curso preparatorio hasta los terminales

---

[35] *Nuevo Diccionario de pedagogía y de instrucción primaria*, Hachette, 1911.

forman un conjunto racional, claro y bien redactado. Pero, ¿se aplican?[36]". ¿Fracaso de la escuela y de la francmasonería? ¿Fracaso social?

EDUCACIÓN O INSTRUCCIÓN

Es un viejo debate que sigue resonando en las logias. Durante la Revolución francesa existían, "por un lado, los defensores de un modelo que buscaba formar al niño en su totalidad dentro de una escuela que asegurase una educación igualitaria y comunitaria, y, por otro, aquellos que, como Condorcet, consideraban que la educación regresase a la familia mientras que el rol de la escuela debía limitarse a la instrucción, a la inculcación de los elementos[37]". Los padres de la escuela de la Tercera República confundirán el tema al abogar por una educación liberal nacional sin romper con la instrucción pública de Condorcet. Fue Ferdinand Buisson quien combinó el racionalismo que subyacía en la instrucción pública con el entusiasmo que impregnaba la educación nacional. Promovió el desarrollo del niño, pero subrayó constantemente la necesidad de esfuerzo: "No es necesario que la educación sea dura, aburrida o triste, pero es imposible que degenere en una especie de juego[38]".

El ministerio de Instrucción pública tomó el nombre de ministerio de Educación nacional en junio de 1932 para no cambiar de denominación, salvo al inicio del régimen de Vichy, donde brevemente volvió a ser el de Instrucción pública. La ley de orientación de 1989 reemplazó a los maestros por profesores en las escuelas: fin de una "exigencia republicana primordial, la del maestro para instituir al ciudadano[39]".

EL SERVICIO PÚBLICO UNIFICADO NO EXISTE

La ley del 31 de diciembre de 1959, llamada "ley Debré", en honor al Primer Ministro que la defendió ante la Asamblea Nacional, marcó en la historia del sistema educativo francés una ruptura mayor. Era el fin de una concepción de la laicidad que había sido la de todos los republicanos durante un siglo.

1984: ante las manifestaciones masivas contra el proyecto de "Gran servicio público unificado y laico de la educación nacional", visto como una amenaza para la existencia de la enseñanza católica, el presidente Mitterrand retrocedió. Era la derrota del colectivo laico; dos grandes actores, el GODF y la Liga de la enseñanza, se divorcian.

1994: el canto del cisne del Comité Nacional de Acción Laica con una gran manifestación en defensa de la laicidad. Un millón de militantes en la calle.

---

[36] Joël Bodin, *La escuela de la república de la ciudadanía,* revista *Humanismo,* 2008.

[37] Samuël Tomei, *¿Instrucción pública o educación nacional?* Revista *Humanismo,* 2008.

[38] Artículo Educación del *Diccionario de pedagogía y de Instrucción primaria* de Ferdinand Buisson.

[39] Samuël Tomei, ya citado.

2008: La petición "Salvemos la laicidad de la República", lanzada por la Liga de la enseñanza tras el discurso en el palacio de Letrán de Nicolas Sarkozy, recogió 50,000 firmas. Última batalla laica. El GODF ya no tenía apenas relevos, políticos o profesionales. La escuela fue un terreno de enfrentamiento ideológico donde la Iglesia y los francmasones desempeñaron un papel determinante. Pueden seguir siéndolo al margen, como con la prohibición de los signos religiosos ostentosos en 2004, pero el GODF está de acuerdo con esta ley de protección de la neutralidad de la escuela.

Si hoy la situación de la escuela francesa es muy preocupante, es debido al desmoronamiento general del nivel de los alumnos y a las grandes desigualdades constatadas según el origen social. El presente se revela más difícil para un GODF que desea seguir aportando su granito de arena.

2.3 ¿Y hoy?

Pensar hoy en la escuela como francmasón implica un verdadero rendimiento intelectual, ya que, si la Francmasonería ha permitido la emergencia de una escuela pública sólida, los constantes embates contra el edificio laico y republicano chocan menos con la fuerza de la institución que con la debilidad de los actores para defenderla. De hecho, la descomposición es continua en las fuerzas sindicales y en las asociaciones representativas de las corrientes de pensamiento de la gran época de influencia masónica en la escuela pública. Todo se ha disuelto poco a poco en un gran caldo de reformas sucesivas. Tomemos un solo ejemplo: la masterización de la formación de los docentes. Bajo el pretexto de una mejora continua, apreciada por los gestores económicos de todo tipo, se ha llegado a una tecnificación del oficio y a una pérdida definitiva del espíritu de compromiso altruista que fundamentaba la escuela pública y republicana en sus inicios. Podemos constatarlo y tal vez lamentarlo. Si antes los maestros de los pueblos y ciudades medianas estaban muy presentes en las logias, actualmente es evidente que la sociología de la población de las logias ha cambiado hacia oficios que están menos claramente comprometidos con la sociedad, sobre todo si hablamos de la escuela. Además, se ha convertido en el centro de gravedad (en el sentido propio y figurado) de muchas interrogantes transversales en la sociedad francesa. Se lamenta el deslizamiento progresivo de la autoridad institucional del maestro, instituida por su competencia y sus conocimientos, hacia un cuestionamiento sistemático, por no decir sistémico, de todos los actores dentro y fuera de la escuela, lo que no augura nada bueno. El comportamiento consumista de los padres y alumnos podría ser analizado en varios niveles. Al observarlo más de cerca, las nuevas normas de evaluación ya no se basan en los conocimientos sino en una multitud de capacidades, a veces en oposición entre sí, lo que hace que la señal no sea muy clara. La ausencia de una política estable durante muchos años, así como la sucesión cada vez más frenética de los representantes en el más alto nivel, no ayudan realmente a pensar a largo plazo. La escuela y la Francmasonería tienen esto en común: se necesitan varios años para conocerlas y comprenderlas. Además, si bien la ideologización de la escuela pública y republicana se ha llevado a cabo en torno a la moral laica y republicana para permitir a cada joven adquirir su libertad de conciencia, es evidente que las políticas educativas llevadas a cabo en los últimos años han favorecido a una multitud de suplentes en los dispositivos públicos de todos los ámbitos. Para darse cuenta de ello, solo hay que contar. La proliferación de escuelas denominadas alternativas es vertiginosa: Montessori, Steiner-Waldorf, Freinet, Pikler-Lóczy... Sin querer ser exhaustivo, la larga lista de movimientos que hacen "escuelas" demuestra que la escuela pensada en el siglo XIX tiene algunos problemas que afrontar. Se encuentran a la vez: Escuelas Sudbury, escuelas en gestión cooperativa, escuelas innovadoras e híbridas, pedagogía Reggio Emilia, escuelas Activas, escuelas en la naturaleza, instrucción en familia. No se puede terminar esta lista a lo Prévert si no se mencionan las escuelas especializadas e inclusivas que están en auge: escuelas bilingües/multilingües, escuelas adaptadas a niños neuroatípicos (dislexia, autismo, alto potencial...), etc. Esta lista demuestra, si es que aún hace falta, que una tendencia muy fuerte empuja a los padres no a adaptar al niño a la escuela, sino a adaptar la escuela al niño. La pregunta que se plantea entonces es la siguiente: ¿cómo hacer lo común si cada uno no consiente en perder un poco de sí mismo para encontrar y forjar elementos y vínculos constitutivos a través de las relaciones con los demás? Esta tendencia parece inquietante para lo que constituye el ADN masónico, a saber, hacer la obra en conjunto.

Solo mencionaremos brevemente la proliferación exponencial de las escuelas de educación superior privadas que eluden los procesos de selección y asignación en la educación superior. Sin caer en la caricatura, no podemos pasar por alto esta tendencia que roza la compra de diplomas. La escuela tal como la imaginaban los pensadores francmasones parece estar en declive en sus fundamentos. ¿Podemos ver en ello un crepúsculo de unos y otros? Concluir apresuradamente sería mortífero. Ha llegado el momento de hacer sonar la alarma para renovar este compromiso fundacional altruista y solidario.

El GODF no permanece en una expectativa desengañada. Se ha comprometido en una reflexión prolongada. Al reexaminar la escuela, su historia, sus metas y objetivos, su organización, las modalidades de enseñanza y la difusión del pensamiento, del saber, de los conocimientos, el GODF se ha dotado de una Comisión Nacional Escuela de la República. Una gran decisión del convento 2024 que hizo desplegarse en todo el territorio masónico del GODF comisiones regionales y grupos de reflexión en torno a cinco temas que trabajan en la redefinición de las posibilidades para nuestra escuela.

El despliegue de esta reflexión se organiza de la siguiente manera: La escuela de la República: fundamentos históricos; la mixtura social y escolar: desafíos y cuestiones; profesores de calidad para una enseñanza de calidad; la escuela y su ecosistema: interacciones y evoluciones; la escuela y su gobernanza: organización y desafíos.

¿Puede el GODF, a través de su organización y métodos, participar en el reencantamiento de la escuela pública republicana de la que nuestra nación tiene tanta necesidad?

BIBLIOGRAFÍA

Daniel Borzeix, *Algunas Francmasonas y Francmasones que han hecho la Historia*, tres tomos, 2023.

Jean-Paul Delahaye, Los francmasones y la laicización de la escuela. Mitos y realidades, revista *Historia de la educación*, 2006. journals.openedition.org/histoire-education.

Pierre-André Mailly, El peso de la historia: el Gran Oriente de Francia y la cuestión de la laicidad (1848-1905), revista *Cités*, 2012.

Frédéric Mole, La escuela única, ¿una emancipación colectiva o individual? Desde principios del siglo XX hasta 1930, *Le Télémaque*, 2013.

Los francmasones en la enseñanza: 4,000 nombres extraídos del "Répertoire maçonnique" y de los archivos de la Asociación antimasónica de Francia, 1911.

LA FILOSOFÍA
LLAMA A LA
PUERTA DE
LA LOGIA

René Rampnoux
Francisco Javier Page

Fundamentos para el francmasón

MASONICA

Un diálogo lúcido entre la filosofía y la masonería,
que invita a repensar el sentido iniciático desde las
grandes corrientes del pensamiento occidental.

David Suárez Dorta (Tenerife, 1971). Investigador y escritor. Formado como Diseñador Gráfico y Gestor Cultural. Ha trabajado en radio y prensa, así como educador y diseñador gráfico en varias empresas. Por otro lado, siempre ha sentido gran atracción por el mundo de la meditación, el simbolismo, el esoterismo y las sociedades secretas.

Actualmente es director de la revista *Cultura Masónica*, además dirige y presenta el programa de podcast *Biblioteca oculta*. Es autor de la conocida obra *Rosacruces, historia y personajes* (2019, Ed. Almuzara). También del libro *Misterios y mitos del pasado* (Ed. Delfos), donde recoge diversas visiones mitológicas y esotéricas sobre el origen del universo y el ser humano. En su trabajo *Historia del esoterismo en España* (Ed. Almuzara), hace un exhaustivo repaso por la presencia de agrupaciones iniciáticas y disciplinas herméticas en este país, desde la Antigüedad hasta nuestros días.

TEOSOFÍA, ANTROPOSOFÍA Y EDUCACIÓN

David Suárez Dorta

El caso español

Desde que fue fundada la Sociedad Teosófica, esta mostró su preocupación por varias cuestiones sociales, más allá de su ideario espiritual y ocultista. Caso de la emancipación femenina, el trabajo infantil, la salubridad de los barrios obreros y, en relación al tema de este artículo, la educación, tanto de la alfabetización de adultos como la escolarización de los menores.

En el presente artículo vamos a conocer la implicación de la teosofía en lo referente al tema de la educación, así como el alcance que tuvo en España. Para ello, nos valdremos de lo ya trabajado en una anterior obra nuestra, que aborda esta temática.[1]

Antecedentes

Recordemos que esta organización se fundó en 1875 en la ciudad de Nueva York, por iniciativa de un grupo de personas, destacando a tres, William Quan Judge, Henry Steel Olcott y, sobre todo, Helena Blavatsky. Esta última, sin duda, fue la auténtica impulsora de todo aquello.

Unos años después, H. Olcott y Blavatsky, viajaron a Oriente para conectar con fuentes espirituales de los sistemas religiosos presentes en la India y Ceilán, allí se establecieron y erigieron la que aún es la sede mundial de este

---

[1] SUÁREZ, David - *Historia del esoterismo en España* - Ed. Almuzara.

movimiento. Con el paso de las décadas, la teosofía se fue extendiendo por diferentes países de Occidente, transmitiendo sus enseñanzas e ideario.

Vocación social y educativa

Como indicamos, la Sociedad Teosófica (ST), además de tener unos objetivos claros en cuestiones espirituales, no dejaba de lado lo referente a temática social y política. Por ejemplo, al poco de llegar a Oriente, esta organización se preocupó por la mejora de las condiciones de los nativos de la India, Ceilán y Birmania, así como de concienciar a los británicos de considerar mejor a estos.

Pero si hubo un tema que les interesó desde un primer momento, fue la cuestión pedagógica. W. Olcott (indiquemos que era masón, aunque llevaba años en sueños), el presente mundial de la Sociedad Teosófica, fundó escuelas en varias naciones asiáticas. En el caso de la India crearon escuelas para los menores sin casta. En el de Sri Lanka (antigua Ceilán), en la década de 1960 los centros educativos promovidos por teósofos se habían multiplicado, llegando a más de 400, y en ese país se recuerda la labor de Olcott por esa labor. Incluso, tal nación le ha dedicado tres sellos postales con su efigie, uno en 1967, otro en 1980 y el último en 1987, junto a la imagen de uno de los colegios que ayudó a fundar. De igual modo, otros teósofos crearon escuelas en diferentes lugares, experimentando con nuevos modelos pedagógicos.

Tal preocupación estaba en concordancia con las que de por sí tenía la sociedad occidental a finales de siglo XIX y principios del XX. En el caso teosófico, no solo querían fomentar una educación generalizada que llegara a todos, haciendo desaparecer el analfabetismo. Sino que, además, tal labor cubriera todas las necesidades de los niños y niñas, de forma integral, afectiva, consciente, cooperativa, con autodisciplina, resultando armónica y respetando siempre los ritmos naturales de la evolución infantojuvenil. Por ello, se dedicaron a generar sus propias teorías educativas, y a rastrear los nuevos sistemas que estaban surgiendo por esos tiempos. Caso de la teósofa Beatrice Ensor (1885-1974), una reconocida pedagoga en el ámbito internacional, cuyas ideas fueron de gran interés, y que tuvo influencia en España. Su libro más conocido fue *Teosofía y Educación*.

También buscaron en otras propuestas, caso del movimiento *Boy Scouts* fundado por el británico Robert Baden-Powell (1957-1941). De hecho, promovieron la creación de grupos de estos exploradores en muchos lugares, imbricando los ideales de ambos movimientos. Aunque aclaremos que no existen unos Scouts teosóficos o dependientes de la ST.

Uno de los sistemas que más entusiasmo despertó fue el de María Montessori (1870-1952). Esa extraordinaria persona logró ser una de las primeras mujeres médico de Italia. Desarrolló un método que lograba que niños diagnosticados con problemas intelectuales aprendiesen como el resto de menores. Su sistema, más adelante, reveló que también era útil para los que no tenían tales problemas. Además, alcanzaba a integrar varias áreas del conocimiento de forma que a los alumnos se les hacía fácil aprender. De tal modo, materias como las matemáticas y otras que suelen presentarse complicadas de abordar, con su método, eran de mucho más fácil acceso. Además, lograba el desarrollo emocional de los niños, su autonomía, lógica, creatividad y otros aspectos de la personalidad más allá de lo meramente formativo. Todo ello respetando su individualidad, así como sus ritmos naturales sin forzar nada. Su estilo enseguida contó con muchos seguidores, y se demandaba la creación de escuelas Montessori en varias naciones. A la par, ella se había afiliado a la ST en 1899[2], seguramente motivada por ese deseo de avance social y progreso implícito en la filosofía de esta organización; aunque su sistema no nació a partir de las teorías de la teosofía. Así mismo, María Montessori vivió protegida en la sede de Adyar durante la Segunda Guerra Mundial (pues fue perseguida por el fascismo italiano), y la ST fomentó su método pedagógico en la India, donde hay muchas escuelas que aún lo siguen.

Tal oleada de nuevos movimientos educativos no le fue desconocida a los dirigentes de esta organización, y por ello se mostró también interés por tales métodos, en especial hacia el de la italiana antes nombrada. Con lo que muchas de las escuelas que se promovieron desde el mundo teosófico, usaban dicho sistema en sus aulas. Si bien, buscaron otros modelos, tal como se afirma:

> ... interés por el método Montessori, plan Dalton, los centros de interés de Decroly, el autogobierno y la práctica de la autonomía de Ferrière e, incluso, el espíritu y la intuición de Pestalozzi, en un intento de buscar un fundamento teórico acorde a los tiempos y las ideas circundantes por Europa y Estados Unidos.[3]

Pensemos que el Congreso Internacional de la ST de 1921, estuvo dedicado a la educación, y en tal encuentro quedó clara la vocación de esta sociedad en fomentar la regeneración pedagógica. Aunque mucho antes, desde 1912, había ya 220 escuelas budistas en Colombo (Sri Lanka), promovidas por la ST. En ese mismo año, se establece la Universidad Hindú de Benarés, igualmente promovida por esta organización.

Con tal motivación se abrieron escuelas en Inglaterra, Escocia, Australia, Nueva Zelanda, Estados Unidos, Holanda, Austria, Alemania, Suiza, Bélgi-

---

[2] CASTELLANA, Ariadna/CASTRO, Mercedes - *María Montessori, la mujer que revolucionó para siempre la educación* - Ed. RBA.
[3] PENALVA MORA, Vicente - *El orientalismo en la cultura española en el primer tercio del s. XX. La Sociedad Teosófica Española (1888-1940)* - Tesis doctoral. Universidad Autónoma de Barcelona (Edición digital). (citando a Joan Soler Mata).

ca... por lo general dirigidas por miembros de la Fraternidad Internacional de la Educación, vinculada a la ST.

Los teósofos españoles, también comenzaron a mostrar interés en tal tema. La idea era, sobre todo, lograr no solo formar a los menores, sino darles herramientas para su desarrollo humano, que aprendieran a respetar las diferencias entre individuos y lograr así una sociedad más justa. En definitiva, conseguir los ideales humanísticos que proponía esta organización. Como vemos, lo hacían en sintonía con lo que el resto de teósofos del mundo realizaban.

Pero no es hasta 1910, que en nuestro país comienzan a crearse instituciones teosóficas dedicadas a este particular. En un primer momento, dentro de las propias ramas, es que se imparten charlas y encuentros para tratar el tema. De tal modo, debatían cuestiones como la educación de las niñas, el acercamiento al arte, la educación espiritual o la de los adultos analfabetos (en especial las mujeres). Incluso, algo que apenas se ha introducido en las aulas hasta tiempos muy recientes, la meditación o el yoga.

Conjuntamente, dieron conferencias y cursos sobre las nuevas propuestas pedagógicas y las ideas teosóficas al respecto. Tales acciones tuvieron lugar en los ateneos de Barcelona y Madrid, así como en otras asociaciones culturales.

En 1911, la Rama[4] Arjuna de Barcelona, creó el Instituto de Educación Integral y Armónica, como una escuela experimental coeducadora de ambos sexos, desarrollando las facultades latentes en los menores, educando su mente, sus emociones y su voluntad. El propósito era dotarles de un carácter fuerte para lograr sus objetivos. Formarlos en el conocimiento de todas las religiones de la humanidad, pero sin adoctrinarles en ninguna. Tenía su sede en los locales de la propia rama[5], e hicieron labor también en la zona de Sabadell.

Del mismo modo, los movimientos de renovación pedagógica, enfocados a dar una formación continua a los maestros, también fueron promovidos por teósofos españoles. De hecho, la actividad de estos en dicho tema coincidió con un momento en que también interesaba a muchos sectores de la sociedad española. Como los regeneracionistas o el movimiento de la Escuela Nueva, los cuales deseaban modernizar las prácticas educativas. Tal periodo es considerado una edad de oro en la historia de la pedagogía española, y la teosofía fue parte activa de ese movimiento.

Con lo que la participación de la Sociedad Teosófica Española en la cuestión educativa hizo que confluyera con estos sectores, y muchas acciones las hicieron en conjunto. El tema ha sido estudiado en tiempos recientes por el profesor Joan Soler Mata[6], el cual indica que, en parte, esta preocupación por la pedagogía también estaba motivada por querer presentarse ante la socie-

---

[4] Rama hace referencia a un grupo local teosófico de al menos siete miembros, como la logia en masonería.

[5] *Óp. cit.* PENALVA MORA.

[6] Ibídem.

dad como un movimiento moderno y renovador. Por otro lado, varias organizaciones paralelas estaban dedicadas directamente a los menores. Caso de la Orden de la Cadena de Oro o la Tabla Redonda, agrupaciones vinculadas a la ST aunque independientes de esta, que tuvieron varios grupos en el país.

Ya en 1921, se creó la Sección Española de la Fraternidad Internacional de la Educación. De nuevo, ese fue un movimiento para impulsar las nuevas propuestas pedagógicas, darlas a conocer y, sobre todo, formar a futuros maestros. Además de concienciar a padres y futuros padres de lo conveniente de tales ideas, por el bien de la formación integral de sus hijos e hijas.

La Escuela Nueva Daimón

Sin duda, el movimiento pedagógico más importante y de mayor calibre llevado a cabo por los teósofos españoles fue la Escuela Nueva Daimón (a veces la veremos escrita Damón). Por cierto, se escogió el nombre de Daimón en honor al filósofo pitagórico llamado así, en referencia a su historia personal de amistad y compromiso con otro pitagórico, Fintias.

Esta escuela se ubicaba en Vallarca, Barcelona, inaugurada un 19 de septiembre de 1926. Aunque hoy esa zona está muy urbanizada, en aquella época se encontraba rodeada de pinos, era más agreste. Pedagógicamente, seguían el método Montessori en los cursos de primaria, y en secundaria el plan Dalton. El espacio tenía jardines y huerto, los cuales formaban parte del proceso de educación de los alumnos, pues colaboraban en su mantenimiento. Las clases eran mixtas, algo muy poco habitual en aquellos tiempos.

Entre las personas que la dirigieron, así como entre los profesores y el personal administrativo, había miembros de la ST, junto con otros que no lo eran. Algunos maestros incluso tuvieron formación en Inglaterra.

En cuanto a los estudiantes, había hijos de teósofos y de gente afín a esta filosofía. Las clases no tenían muchos alumnos, para así poder atender de forma más efectiva sus necesidades. En total no fueron más de 50 menores.

Tenían comedor con alimentación vegetariana. Se hacía hincapié en el desarrollo de la autonomía en el propio aprendizaje, lo mismo que en el mantenimiento de la higiene personal. De igual modo, se tenían en cuenta prácticas naturistas. También se fomentaba la reflexión en distintos temas, tal como en la vida de personajes relevantes de la historia, en especial los filósofos clásicos. Le daban mucha importancia al ejercicio físico, con clases de gimnasia, así como del aprendizaje a través del juego.

Salvo para el estudio de idiomas, se renunciaba a los libros de texto, pues cada alumno creaba el suyo particular de la correspondiente asignatura basándose en lo que el maestro les enseñaba. Asimismo, estos participaban en parte de la administración del propio centro. No había educación religiosa, ni castigos corporales. Como vemos, propuestas novedosas, incluso para hoy en día.

Se financió con donativos personales, suscripciones, patrocinadores... y varias ramas colaboraron económicamente con este proyecto.

Además de las clases, desde esa escuela también se dedicaban a publicar obras sobre pedagogía para dar a conocer las nuevas propuestas de este tipo. Haciendo un repaso tanto de las distintas metodologías que iban surgiendo, así como de las iniciativas emanadas desde la ST en el mundo. De hecho, este colegio es visto hoy como otro de los varios proyectos de regeneración educativa acaecidos en el país en el primer tercio del siglo xx.

Pedagogía Waldorf

De entre las sociedades que se desgajaron del ideario teosófico, varias mostraron igualmente su interés en temas educativos. Como ejemplos tenemos la Fraternidad Rosacruz, fundada en 1909 por iniciativa de Max Heindel (1865-1919),[7] el cual proponía una serie de periodos sensibles evolutivos en el desarrollo infanto-juvenil[8], aunque nunca llevó a cabo ninguna escuela donde llevarla a la práctica, quedando más bien en recomendaciones para los miembros de esta organización que eran padres.

Otro asunto es el de la Antroposofía fundada por Rudolf Steiner (1861-1925), en este caso con una propuesta prácticamente igual a la de Heindel (de hecho se ha sugerido que Heindel se inspiró en el propio Steiner para su modelo). En esta fórmula se establece no solo una visión del desarrollo evolutivo infantil muy concreto, sino una metodología que se ha visto efectiva en los objetivos que se propone. Así, Steiner fundó la primera Escuela Waldorf en Stuttgard en 1919, y luego se fueron fundando muchas más en todo el mundo. Hoy hay más de 1.100 escuelas de este tipo en todo el planeta, abarcando desde la etapa infantil hasta la secundaria.

En el país empezaron varias iniciativas antroposóficas tras la dictadura franquista, entre ellas la creación de Escuelas Waldorf. A causa de ello hoy en muchas ciudades hay centros de este método pedagógico y espacios de capacitación de futuros maestros en este sistema.[9]

Conclusiones

Como vemos, todos los modelos pedagógicos presentados tienen en su motivación no solo ser efectivos a la hora de llevar a cabo el proceso de enseñanza-aprendizaje, sino de tener en cuenta elementos no habituales en tal proceso, como la naturaleza emocional, artística o espiritual del menor, y no solo la lógico-matemática o la lingüística.

---

[7] HEINDEL. Max - *Concepto rosacruz del cosmos* - Ed. Kier.
[8] CROSS, Víctor - *Pedagogía Rosacruz* - Ed. Createspace (Amazon).
[9] www.colegioswaldorf.org

Hoy en día, tanto el método Montessori como el Waldorf, continúan siendo considerados de los más efectivos y ejemplo de ello es que van fundándose más colegios que siguen tales sistemas. Todo lo cual nos hace ver que con la teosofía se introdujo en España el método más importante de aquellos momentos, aunque esta organización no fue la única que favoreció tal proceso, pues entre los intelectuales catalanes y algún sector de la Iglesia también se hizo labor. ⚒

Ediciones de Sabiduría Ancestral

LA
TABLA ESMERALDA
DE HERMES

Max Heindel

MISTERIOS
DE LAS
GRANDES ÓPERAS

Jean-Pierre Giudicelli de Cressac Bachelerie

POR LA ROSA ROJA
Y LA CRUZ DE ORO

Alquimia-hermetismo
y órdenes iniciáticas

DICCIONARIO
ROSACRUZ

Resumen de términos, conceptos
y principios usuales en la filosofía rosacruz

Max Heindel

CRISTIANISMO
ROSACRUZ

Interpretación esotérica
del cristianismo

EL
LIBRO
DE LA
LEY

Aleister
Crowley

Una Iniciada
EL KYBALION

Los misterios de
Hermes

EL
LIBRO
DE
ENOC

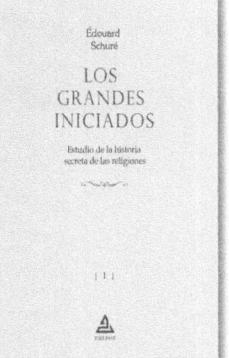

Édouard
Schuré

LOS
GRANDES
INICIADOS

Estudio de la historia
secreta de las religiones

NÚMEROS Y TEMAS ANTERIORES

(todos disponibles a la venta en papel y en formato digital)

Este número de la revista
CULTURA MASÓNICA
terminó de componerse en las colecciones
de la editorial MASONICA® en el día
21 de junio del año 2025.